Impressum
Verlag: BABADADA GmbH, Nedderfeld 112 , 22529 Hamburg
Geschäftsführer / Verlagsleitung: Harald Hof
Druck: Books on Demand GmbH, In de Tarpen 42, 22848 Norderstedt

Imprint
Publisher: BABADADA GmbH, Nedderfeld 112 , 22529 Hamburg, Germany
Managing Director / Publishing direction: Harald Hof
Print: Books on Demand GmbH, In de Tarpen 42, 22848 Norderstedt, Germany

школа
សាលារៀន

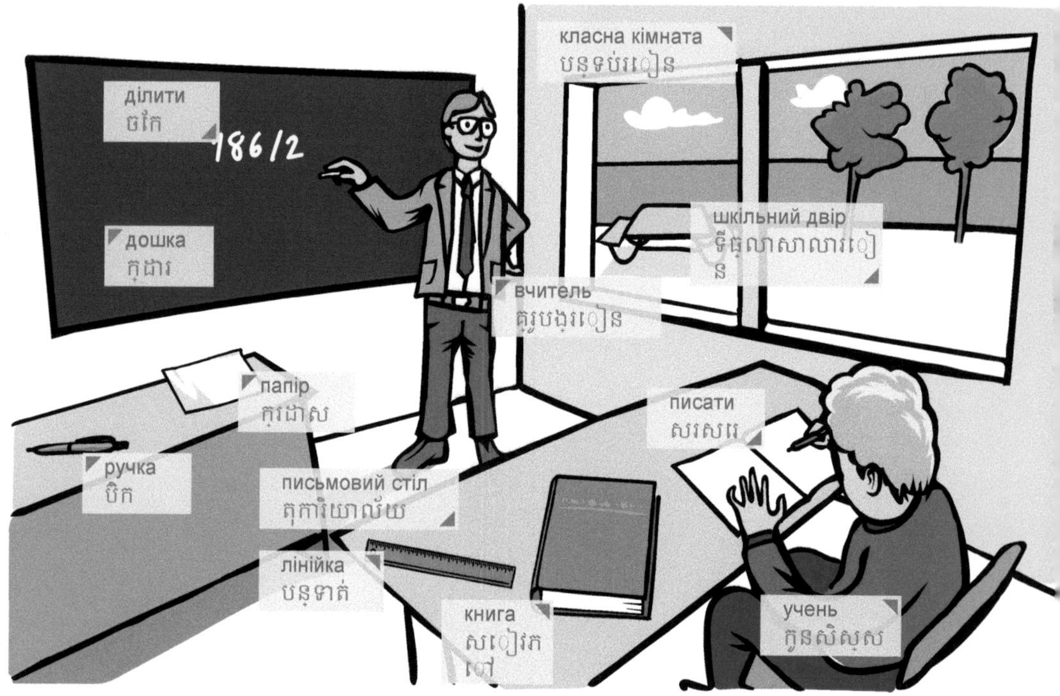

класна кімната
បន្ទប់រៀន
ділити
ចែក
186/2
дошка
ក្ដារ
шкільний двір
ទីធ្លាសាលារៀន
вчитель
គ្រូបង្រៀន
папір
ក្រដាស
писати
សរសេរ
ручка
ប៊ិក
письмовий стіл
តុការិយាល័យ
лінійка
បន្ទាត់
книга
សៀវភៅ
учень
កូនសិស្ស

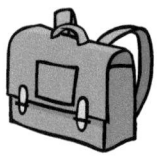

ранець

តអុ្ពរៀតស្របកែ

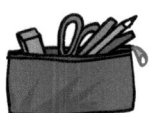

пенал

ប្រអប់ដាក់ខ្មៅដៃ

олівець

ខ្មៅដៃ

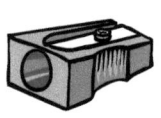

точило

ប្រដាប់ខួងខ្មៅដៃ

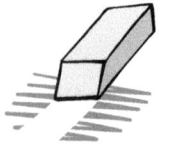

гумка

ជ័រលុប

альбом для малювання

ផ្ទាំងគំនូរ

малюнок

គំនូរ

пензель

ជក់គូរ

коробка фарб

ប្រអប់ថ្នាំលាប

ножиці

កន្ត្រៃ

клей

ការបិទ

зошит

សៀវភៅលំហាត់

домашнє завдання

កិច្ចការផ្ទះ

12

число

លេខ

2+2

додавати

បូក

5-2

віднімати

ដក

2×2

множити

គុណ

рахувати

គណនា

A

літера

លិខិត

ABCDEFG HIJKLMN OPQRSTU VWXYZ

абетка

អក្សរក្រម

hello

слово

ពាក្យ

текст

អត្ថបទ

читати

អាន

крейда

ដីស

година

មេរៀន

класний журнал

ចុះឈ្មោះ

екзамен

ការប្រឡង

диплом

វិញ្ញាបនបត្រ

шкільна форма

ឯកសណ្ឋានសាលា

освіта

ការអប់រំ

лексикон

សព្វវចនាធិប្បាយ

університет

សាកលវិទ្យាល័យ

мікроскоп

មីក្រូទស្សន៍

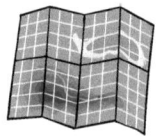

карта

ផែនទី

кошик для паперу

កន្ត្រករដាក់សំរាមក្រដាស

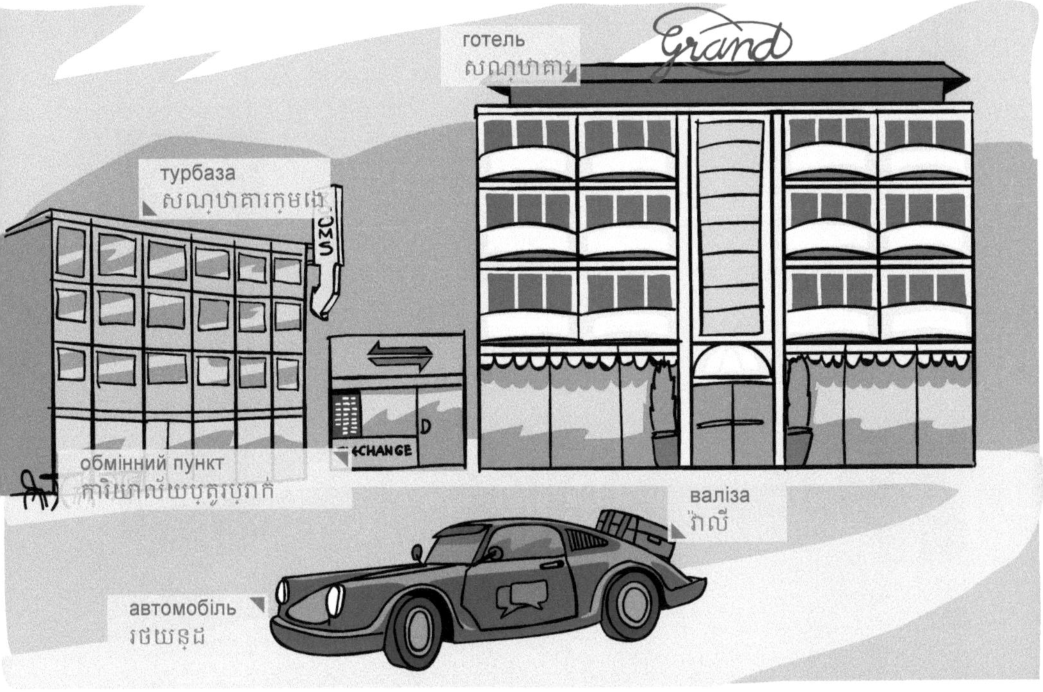
готель
សណ្ឋាគារ
Grand
турбаза
សណ្ឋាគារក្មេង
обмінний пункт
ការិយាល័យប្តូរប្រាក់
EXCHANGE
валіза
វ៉ាលី
автомобіль
រថយន្ដ

мова
ភាសា

так / ні
បាទ / ទេ

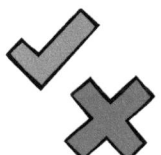

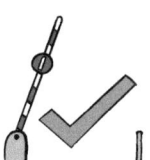

добре
យល់ព្រម

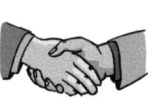

привіт
សាយ័ន្តសួស្តី!

перекладач
អ្នកបកប្រែ

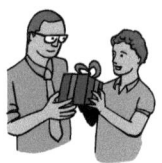

дякую
សូមអរគុណ

Скільки коштує ...?
ចុលថ្ងៃនុមាន... ?

Я не розумію
ខ្ញុំមិនយល់

проблема
បញ្ហា

Добрий вечір!
ទិវាសួស្តី!

Доброго ранку!
អរុណសួស្តី

На добраніч!
រាត្រីសួស្តី!

До побачення
លាហើយ

напрямок
ទិសដៅ

багаж
អីវ៉ាន់

сумка
កាបូប

рюкзак
កាបូបស្ពាយក្រោយ

гість
ភ្ញៀវ

кімната
បន្ទប់

спальний мішок
ថង់ដេក

намет
តង់

туристична інформація

ព័ត៌មានទេសចរណ៍

пляж

ឆ្នេរ

кредитна картка

កាតឥណទាន

сніданок

អាហារពេលព្រឹក

обід

អាហារថ្ងៃត្រង់

вечеря

អាហារពេលល្ងាច

квиток

សំបុត្រ

ліфт

ជណ្តើរយន្ត

поштова марка

តិក

межа

ព្រំដែន

митниця

គយ

посольство

ស្ថានទូត

віза

ទិដ្ឋាការ

паспорт

លិខិតឆ្លងដែន

транспорт
ការដឹកជញ្ជូន

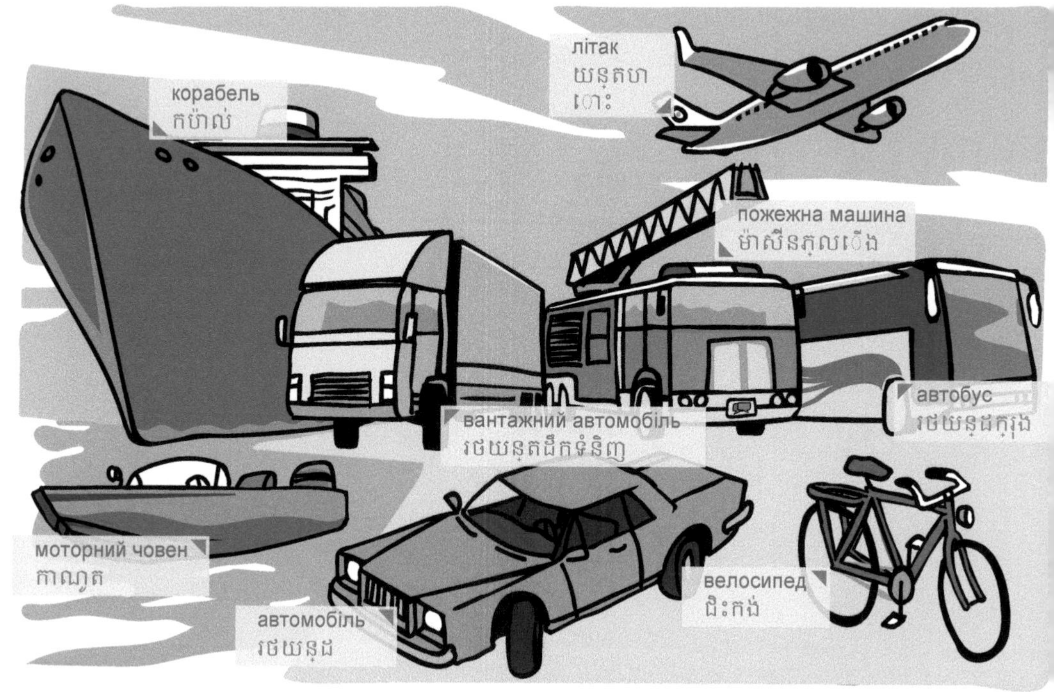
літак
យន្តហោះ
корабель
កប៉ាល់
пожежна машина
ម៉ាសីនភ្លើង
автобус
រថយន្តក្រុង
вантажний автомобіль
រថយន្តដឹកទំនិញ
моторний човен
កាណូត
велосипед
ជិះកង់
автомобіль
រថយន្ត

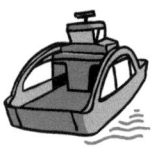

пором

សាឡាង

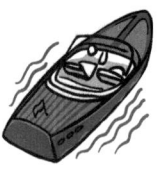

човен

ទូក

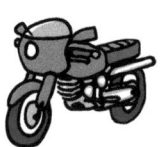

мотоцикл

ម៉ូតូ

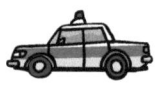

поліцейська машина

រថយន្តប៉ូលិស

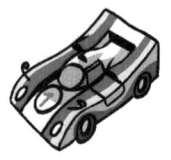

гоночний автомобіль

រថយន្តប្រណាំង

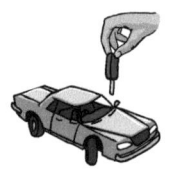

автомобіль на прокат

រថយន្តជួល

спільне користування авто

ការចែករំលែកប្រើរថយន្ត

евакуатор

ឡានសណ្ដូច

сміттєвоз

ឡានបរិមូលសំរាម

двигун

ម៉ូទ័រ

паливо

ប្រេងឥន្ធនៈ

автозаправна станція

ស្ថានីយប្រេង

дорожній знак

ស្លាកសញ្ញាចរាចរណ៍

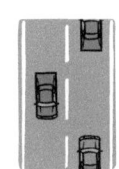

рух

ការធ្វើរើចរាចរណ៍

затор

កកស្ទះចរាចរណ៍

стоянка

ចំណត

вокзал

ស្ថានីយរថភ្លើង

рейки

ផ្លូវដែក

потяг

រថភ្លើង

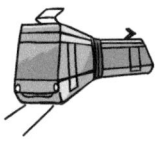

трамвай

រថអគ្គីសនី

вагон

ទូរថភ្លើង

гелікоптер

ឧទ្ធម្ភាគចក្រ

аеропорт

ព្រលានយន្តហោះ

вежа

ប៉ម

пасажир

អ្នកដំណើរ

контейнер

កុងតឺន័រ

коробка

ករដាសកាតុង

візок

រទេះ

кошик

កញ្ចប់

стартувати / приземлятися

ហោះឡ្បេីង / ចុះ

місто

ទីក្រុង

село

ភូមិ

центр міста

កណ្តាលទីក្រុង

дім

ផ្ទះ

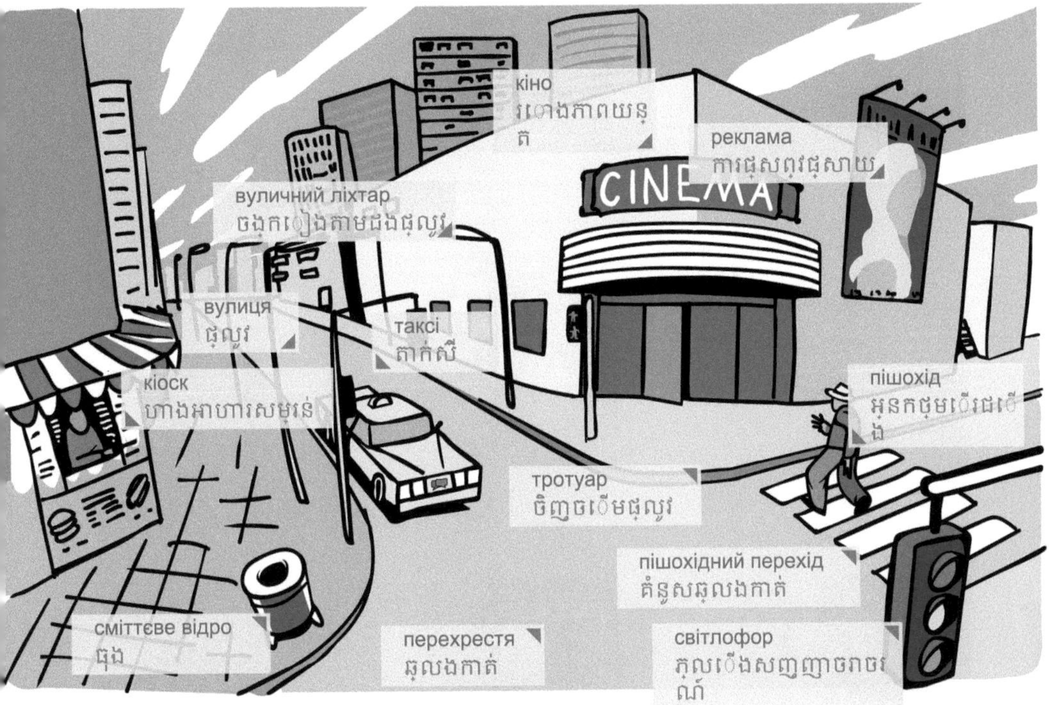

кіно
រោងភាពយន្ត
реклама
ការផ្សព្វផ្សាយ
CINEMA
вуличний ліхтар
ចង្កៀងតាមដងផ្លូវ
вулиця
ផ្លូវ
таксі
តាក់ស៊ី
кіоск
ហាងអាហារសម្រន់
пішохід
អ្នកថ្មើរជើង
тротуар
ចិញ្ចើមផ្លូវ
пішохідний перехід
គំនូសឆ្លងកាត់
сміттєве відро
ធុង
перехрестя
ឆ្លងកាត់
світлофор
ភ្លើងសញ្ញាចរាចរណ៍

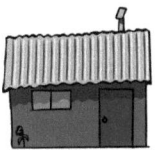

хатина

ខ្ទម

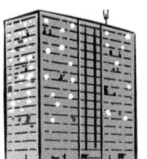

квартира

ផ្ទះល្វែង

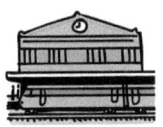

вокзал

ស្ថានីយរថភ្លើង

ратуша

សាលាក្រុង

MUSEUM

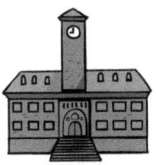

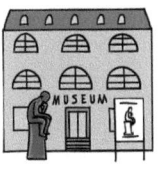

музей

សារមន្ទីរ

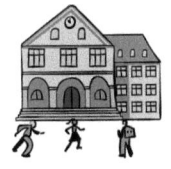

школа

សាលារៀន

університет

សាកលវិទ្យាល័យ

банк

ធនាគារ

лікарня

មន្ទីរពេទ្យ

готель

សណ្ឋាគារ

аптека

ឱសថស្ថាន

офіс

ការិយាល័យ

книжковий магазин

ហាងលក់សៀវភៅ

магазин

ហាង

квітковий магазин

ហាងផ្កា

супермаркет

ផ្សារទំនើប

ринок

ទីផ្សារ

універмаг

ហាងទំនិញ

торговець рибою

ហាងលក់ត្រី

торговельний центр

មជ្ឈមណ្ឌលផ្សារទំនើប

гавань

កំពង់ផែ

парк

ឧទ្យាន

лава

បង្គ

міст

ស្ពាន

сходи

ជណ្ដើរ

метро

ផ្លូវក្រោមដី

тунель

ផ្លូវរូងក្រោមដី

автобусна зупинка

ចំណតរថយន្តក្រុង

бар

បារ

ресторан

ភោជនីយដ្ឋាន

поштова скринька

ប្រអប់សំបុត្រ

вулична табличка

សញ្ញាតាមដងផ្លូវ

лічильник паркування

ឧបករណ៍បូម្មឺលចូលចំណត

зоопарк

សួនសត្វ

басейн

អាងហែលទឹក

мечеть

វិហារអ៊ីស្លាម

місто - ទីក្រុង

13

ферма
កសិដ្ឋាន

забруднення
навколишнього
середовища
ការបំពុល

кладовище
វាលកប់ខ្មោច

церква
ពុរវិហារ

дитячий майданчик
កុររៀងអំលកុមងេលង

храм
ឬរសាទ

ландшафт
ទេសភាព

листок
ស្លឹក

вказівний стовп
សញ្ញាប្រាប់ទិសដៅ

шлях
ផ្លូវ

луг
វាលស្មៅ

камінь
ដុំថ្ម

мандрівник
អ្នកឈ្លៀងភ្នំ

дерево
ដើមឈើ

річка
ទន្លេ

трава
ស្មៅ

квітка
ផ្កា

долина

ជ្រលងភ្នំ

гора

កូនភ្នំ

озеро

បឹង

ліс

ព្រៃឈើ

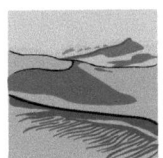

пустеля

វាលខ្សាច់

вулкан

ភ្នំភ្លើង

замок

គតោកូរប៉ី

веселка

ឥន្ទធនូ

гриб

ផ្សិត

пальма

ដើមត្នោត

комар

មូស

муха

រុយ

мурашка

ស្រមោច

бджола

សត្វឃ្មុំ

павук

ពីងពាង

жук

សត្វកញ្ចៃ

жаба

កង្កែប

вивірка

កំប្រុក

їжак

សត្វកាំបុរមា

заєць

ទន្សាយស្លឹក

сова

សត្វទីទុយ

птах

បក្សី

лебідь

ហង្ស

кабан

ជ្រូក

олень

សត្វក្តាន់

лось

សត្វក្តាន់

гребля

ទំនប់

вітряк

កង្ហារខ្យល់

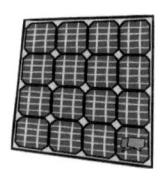

сонячний модуль

បន្ទះស្វ្រ្យា

клімат

អាកាសធាតុ

ресторан
ភោជនីយដ្ឋាន

офіціант
អ្នករត់តុ
меню
ម៉ឺនុយ
стілець
កៅអី
суп
ស៊ុប
піца
ភីហ្សា
столові прилади
កាំបិត
скатертина
កម្រាលតុ

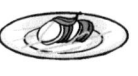

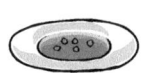

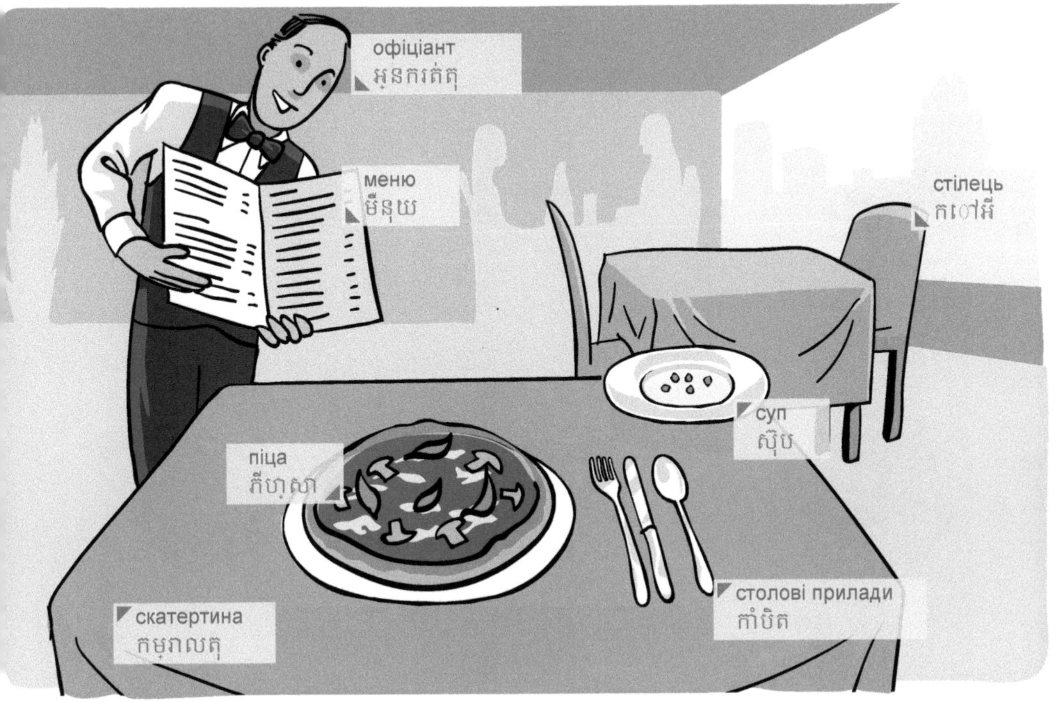

закуска
អាហារសម្រន់

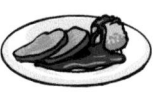

друга страва
អាហារសំខាន់

десерт
បង្អែម

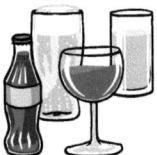

напої
ភេសជ្ជៈ

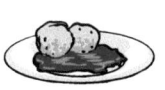

їжа
អាហារ

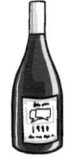

пляшка
ដប

фаст-фуд

អាហារបហ័ស

вулична їжа

អាហារតាមផ្លូវ

чайник

ប៉ាន់តៃ

цукорниця

បូរអប់ស្ករ

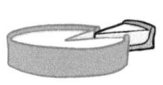

порція

ចំណកែ

еспресо-машина

ម៉ាស៊ីនតុងកាហ្វេអ៊ិចស្ព្រេស្ស

високий стільчик

កៅអីខ្ពស់

рахунок

វិក្កយបត្រ

піднос

ថាស

ніж

កាំបិត

вилка

សម

ложка

ស្លាបព្រា

чайна ложка

ស្លាបព្រាកាហ្វេ

серветка

កន្សែងជូតខ្លួន

склянка

កវ៉ែ

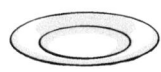

тарілка
ចានទាប

тарілка для супу
ចានស៊ុប

блюдце
ចានទុរនាប់

соус
ទឹកជ្រលក់

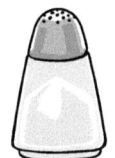

солонка
ដបអំបិល

млин для перцю
បុរដោប់កិនម្រេច

оцет
ទឹកខ្មេះ

масло
បុរង

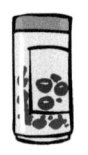

спеції
គ្រឿងទេស

кетчуп
ទឹកប៉េងប៉ោះ

гірчиця
ម៉ូតាក

майонез
ទឹកម៉ៃយ៉ូណេ

супермаркет
ផ្សារទំនើប

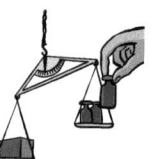

пропозиція
ការផ្តល់ជូនពិសេស
FOR
клієнт
អតិថិជន
молочні продукти
ទឹកដោះគោ
фрукти
ផ្លែឈើ
візок для покупок
រទេះរុញ

BUTCHERS

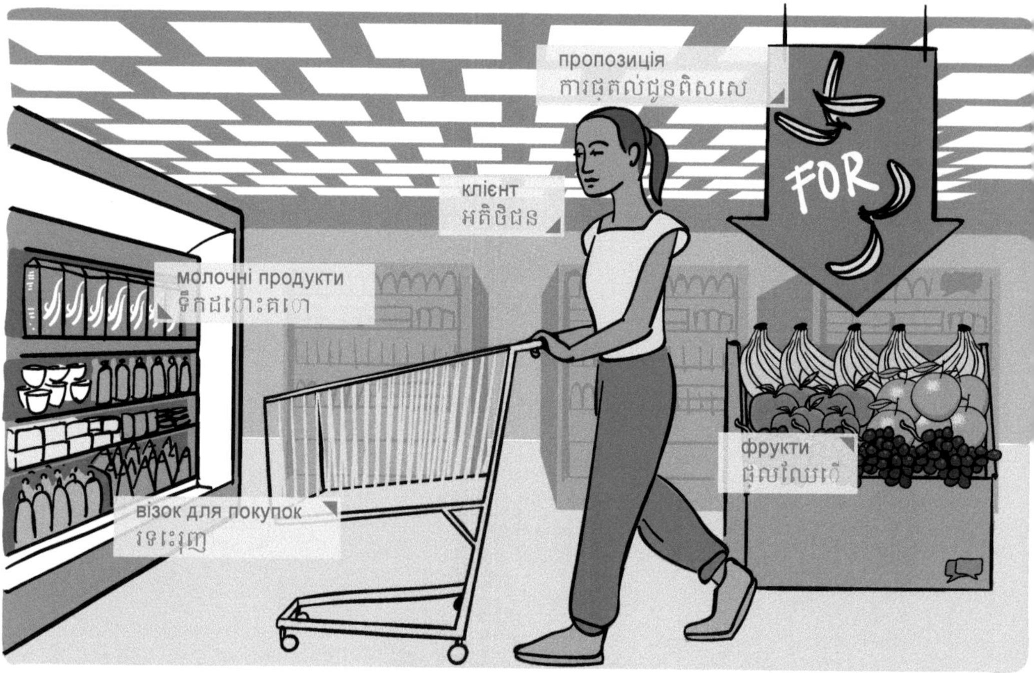

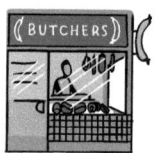

м'ясний магазин

ហាងកាប់ជ្រូក

BAKERY

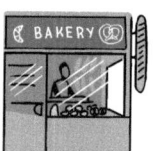

пекарня

ហាងដុតនំ

зважувати

ថ្លឹង

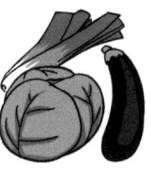

овочі

បន្លែ

м'ясо

សាច់

заморожені продукти

អាហារក្ឈាស្សេ

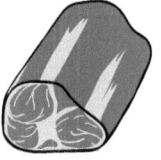

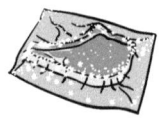

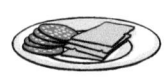

ковбасна нарізка

សាច់ក្រឡាសរ

консерви

អាហារកំប៉ុង

пральний порошок

ម្សៅបោកលាង

солодощі

សុអរគ្រាប់

предмети домашнього побуту

ផលិតផលក្នុងគ្រួសារ

мийний засіб

ផលិតផលសម្អាត

продавщиця

អ្នកលក់

каса

ចគ្រដាក់លុយ

касир

បេឡា

список покупок

បញ្ជីទិញទំនិញ

часи роботи

ម៉ោងធ្វើការ

гаманець

កាប៊ូបលុយប៉ុរស

кредитна картка

កាតឥណទាន

сумка

ថង់

поліетиленовий пакет

ថង់ប្លាស្ទិច

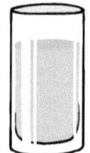

вода

ទឹក

сік

ទឹកផ្លែឈើ

молоко

ទឹកដោះគោ

кола

កូកាកូឡា

вино

សុរា

пиво

សុរាបៀរ

алкоголь

គ្រឿងស្រវឹង

какао

កាកាវ

чай

តែ

кава

កាហ្វេ

еспресо

កាហ្វេអេចស្ព្រេសូ

капучіно

កាហ្វេកាពូឈីណូ

банан

ចេក

яблуко

ផ្លែប៉ោម

апельсин

ផ្លែក្រូច

кавун

ឪឡឹក

лимон

ក្រូចឆ្មា

морква

ការ៉ុត

часник

ខ្ទឹម

бамбук

ឫស្សី

цибуля

ខ្ទឹមហាវាំង

гриб

ផ្សិត

горішки

គ្រាប់ផ្លែឈើ

локшина

មី

спагеті

មីអ៊ីតាល់

рис

បាយ

салат

សាឡាត់

картопля фрі

ដំឡូងចៀន

смажена картопля

ដំឡូងចៀន

піца

ភីហ្សា

гамбургер

បឺហ្គឺ

бутерброд

សាំងវិច

шніцель

សាច់ជាប់តុអ៊ីងជំនី

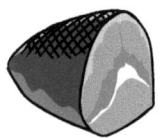

шинка

ហាំ

салямі

សាឡាមី

ковбаса

សាច់ក្រក

курка

សាច់មាន់

печеня

អាំង

риба

ត្រី

їжа - អាហារ

вівсяні пластівці

អាវ៉ែនបបរ

мюслі

មុយ៉ូសុលី

кукурудзяні пластівці

ជំឡុងចំណិត

борошно

មុសរ៉ៅ

круасан

នំគ្រូសង់

булочка

នំប៉ុងមុយ៉ាងមូលតូចៗ

хліб

នំប៉ុង

тостовий хліб

អាំង

печиво

នំប៊ីស្គី

масло

បឺរ

сир

ទឹកដោះខាប់

пиріг

នំខេក

яйце

ស៊ុត

яєчня

ស៊ុតចៀន

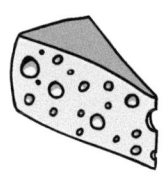

сир

ឈីស

морозиво

ការ៉េម

цукор

ស្ករ

мед

ទឹកឃ្មុំ

мармелад

ជំណាប់

нуга-крем

ក្រមែគាំងម៉ៃ

карі

ការី

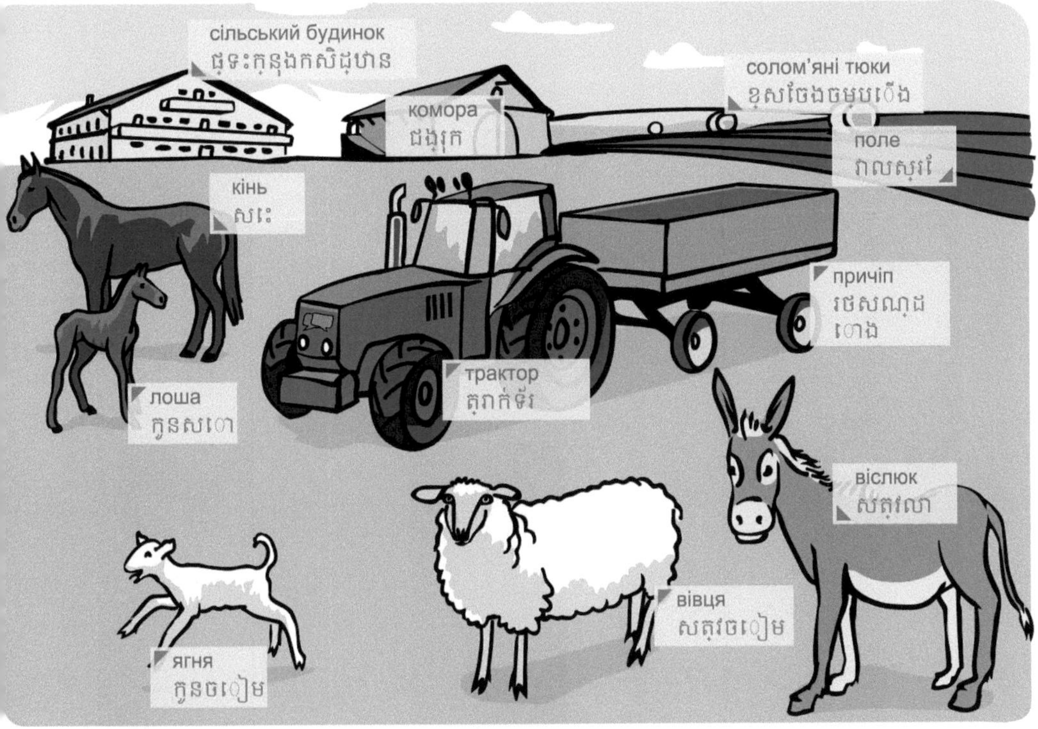

сільський будинок
ផ្ទះក្នុងកសិដ្ឋាន

солом'яні тюки
ខ្សែចែងចម្បរបៃ្រង

комора
ជង្រុក

поле
វាលស្រែ

кінь
សេះ

причіп
រថសណ្ដោង
ទោង

трактор
ត្រាក់ទ័រ

лоша
កូនសេះ

віслюк
សត្វលា

ягня
កូនចៀម

вівця
សត្វចៀម

коза
ពពែ

корова
គោញី

теля
កូនគោ

свиня
ជ្រូក

порося
កូនជ្រូក

бик
គោឈ្មោលមពាល

гусак

សត្វក្ងាន

качка

ទា

курча

កូនមាន់

курка

មមោន់

півень

មាន់ឈ្មោល

щур

កណ្តុរ

кіт

ឆ្មា

миша

កណ្ដុរប្រមះ

віл

គោឈ្មោល

собака

ឆ្កែ

собача будка

ផ្ទះឆ្កែ

садовий шланг

ទុយោទឹក

лійка

ធុងស្រោចទឹក

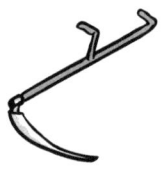

коса

ខូវែបក

плуг

នង្គ័ល

ферма - កសិដ្ឋាន

серп

កណ្ដៀវ

мотика

ចបកាប់

вила

រនាស់

сокира

ពូថៅ

тачка

រទេះរុញ

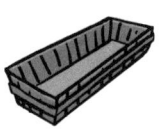

корито

ស្នូក

бідон молока

កំប៉ុងទឹកដោះគោ

мішок

ហារ

паркан

របង

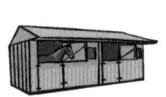

хлів

ក្រោល

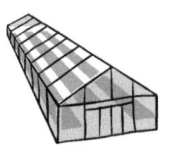

теплиця

ផ្ទះកញ្ចក់

ґрунт

ដី

насіння

គ្រាប់ពូជ

добриво

ជី

комбайн

ម៉ាស៊ីនច្រូតកាត់

пожинати

បុរមួលផល

урожай

ការបុរមួលផល

корінь ямсу

ដំឡូងជុក

пшениця

ស្រូវសាលី

соя

សណ្ដែកសៀ្យង

картопля

ដំឡូងជុក

кукурудза

ពោត

ріпак

គុរប់បុរង៉ាប៉ែ

плодове дерево

ដេ្ចមឈ្ច្បឈ្ចហ្ចបផ្ចល្ច

маніок

ដំឡូងម៉ី

злаки

ធញ្ញជាតិ

ផ្ទះ

димохід
បំពង់ផ្សែងភ្លើង

дах
ដំបូល

водостічний лоток
ទរបង្ហូរទឹក

вікно
បង្អួច

гараж
ហ្គារ៉ាស

дзвінок
កណ្តឹងទ្វារ

двері
ទ្វារ

відро для сміття
ធុងសំរាម

поштова скринька
ប្រអប់សំបុត្រ

сад
សួនច្បារ

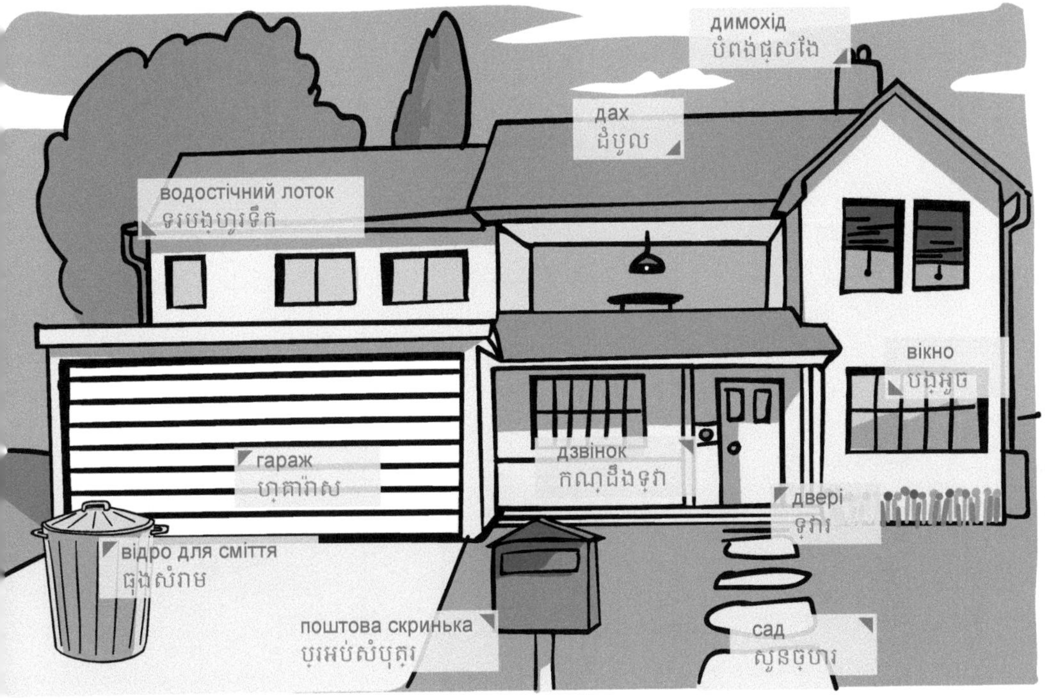

вітальня

បន្ទប់ទទួលភ្ញៀវ

ванна кімната

បន្ទប់ទឹក

кухня

ផ្ទះបាយ

спальня

បន្ទប់គេង

дитяча кімната

បន្ទប់របស់កុមារ

їдальня

បន្ទប់ទទួលទានអាហារ

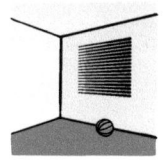

підлога

ជាន់

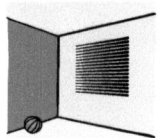

стіна

ជញ្ជាំង

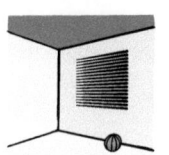

стеля

ពិដាន

підвал

បន្ទប់ក្រោមដី

сауна

ស្ងូណា

балкон

យ៉័រ

тераса

ផ្ទះវិរបស្មុទវ័នទៅជមុរាល
ក្នុនំ

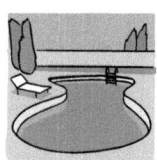

басейн

អាងហាលែទឹក

косарка

ម៉ាស៊ីនកាត់ស្មៅទៅ

простирало

សន្លឹក

ковдра

កម្រាលគ្រែដែក

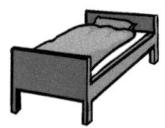

ліжко

គ្រែ

мітла

អំបោស

відро

ធុង

перемикач

កុងតាក់

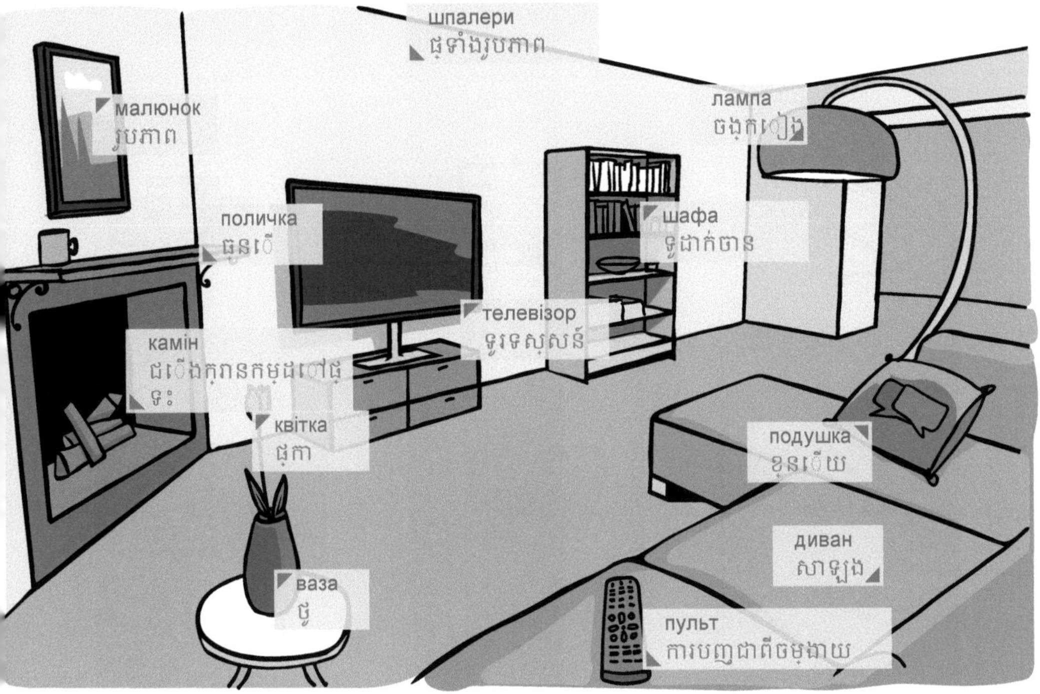

шпалери
ផ្ទាំងរូបភាព

малюнок
រូបភាព

лампа
ចង្កៀង

поличка
ធ្នើរ

шафа
ទូដាក់ចាន

телевізор
ទូរទស្សន៍

камін
ជើងក្រានកម្ដៅពៅផ្ទះ

квітка
ផ្កា

подушка
ខ្នើយ

диван
សាឡុង

ваза
ថូ

пульт
ការបញ្ជាពីចម្ងាយ

килим
កម្រាលព្រំ

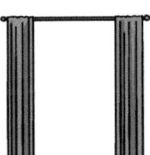

завіса
វាំងនន

стіл
តុ

стілець
កៅអី

крісло-гойдалка
កៅអីប៉ាក់ប៉ែក

крісло
កៅអីភ្នាក់ដៃ

книга

សៀវភៅ

ковдра

ភួយ

прикраса

ការតុបតែង

дрова

អុសដុត

фільм

ខ្សែភាពយន្ត

стереосистема

ឧបករណ៍ Hi-Fi

ключ

កូនសោ

газета

កាសែត

картина

គំនូរ

плакат

ផ្ទាំងរូបភាព

радіо

វិទ្យុ

блокнот

ណូតផតេ

пилосос

ម៉ាស៊ីនបូមធូលី

кактус

ដំបងយក្ស

свічка

ទៀន

34   вітальня - បន្ទប់ទទួលភ្ញៀវ

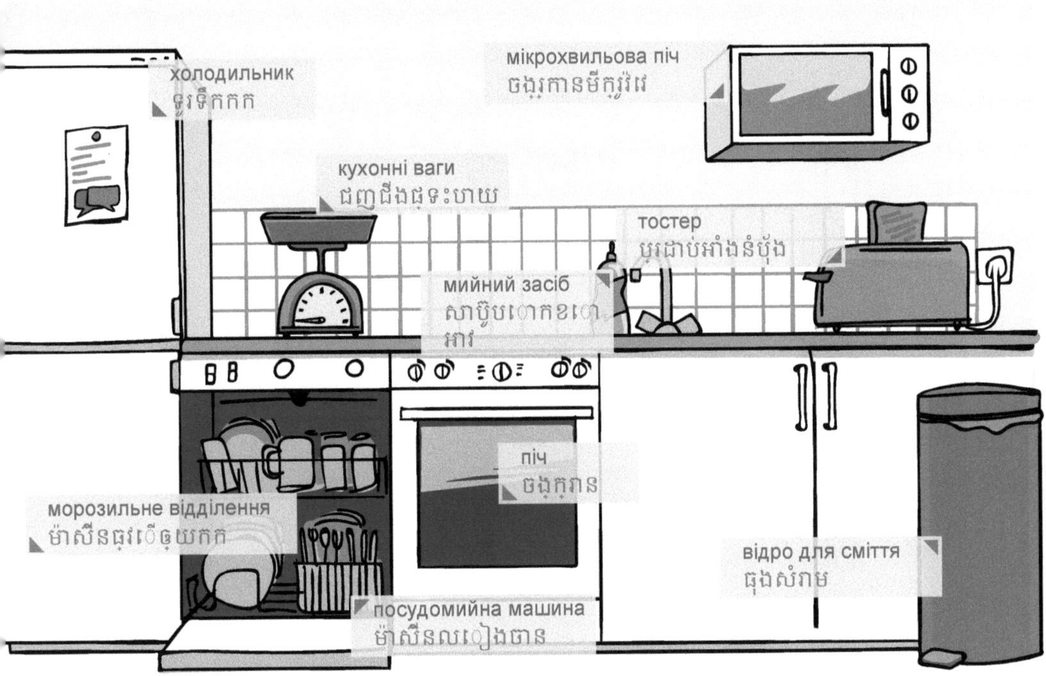

холодильник
ទូទឹកកក

мікрохвильова піч
ចង្ក្រានម៉ៃក្រូវ៉េវ

кухонні ваги
ជញ្ជីងផ្ទះបាយ

тостер
ម៉ាស៊ីនដុតនំបុ័ង

мийний засіб
សាប៊ូលាងចានចាន
អាវ

піч
ចង្ក្រាន

морозильне відділення
ម៉ាស៊ីនធ្វើទឹកកក

відро для сміття
ធុងសំរាម

посудомийна машина
ម៉ាស៊ីនលាងចាន

плита
ចង្ក្រាន

горщик
ឆ្នាំង

чавунний горщик
ឆ្នាំងជៃ

вок / кадай
ខ្ទះ / ខ្ទះកណ្ដៅ

сковорода
ខ្ទះ

чайник
កំសៀវ

пароварка

ឆ្នាំងចំហុយ

лист

ថាសដុតនំ

посуд

គូររៀងចានឆ្នាំងដី

кухоль

ថ្វ

чаша

ចានតោម

палички для їжі

ចង្កឹះ

черпак

វែកសមល

лопатка

វែកគ្រ

вінчик для збивання

ឧបករណ៍វាយកូរទ្បែក

сито

តម្រង

сито

កន្ត្រង

терка

ឧបករណ៍កោសដូង

ступка

គ្រុហាល់

барбекю

ការអាំងសាច់

багаття

ចង្ក្រានចំហា

дошка

ផ្ទេញ

качалка

ប្រដាប់កិនម្សៅ

штопор

ប្រដាប់ម្សៅបើកឆ្នុកឧកស្រា

конзерва

កំប៉ុង

відкривачка

ប្រដាប់បបើកកំប៉ុង

прихватки

ក្រណាត់ទ្រាប់ឆ្នាំង

раковина

កន្លែងលាងចាន

щітка

ជក់

губка

អប៉ុង

міксер

ម៉ាស៊ីនកូរឡ្បក

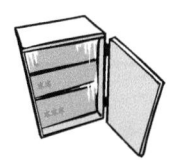

морозильна камера

ទូទឹកកកខ្នាតតូច

дитяча пляшка

ដបទឹកដ:គោះគោ

кран

រ៉ូប៉ីណេ

ванна кімната
បន្ទប់ទឹក

опалення
កម្ដៅ
душ
ផ្កាឈូក
рушник
កន្សែង
душова завіса
វាំងននងូតទឹកផ្កាឈូក
піниста ванна
ការងូតទឹកពពុះ
ванна
អាងងូតទឹក
склянка
កែវ
пральна машина
ម៉ាស៊ីនបោកគក់
кран
រ៉ូប៊ីណេ
плитка
ក្រឡាក្បឿង
горшок
ចានបង្គន់
раковина
កន្លែងលាងចាន

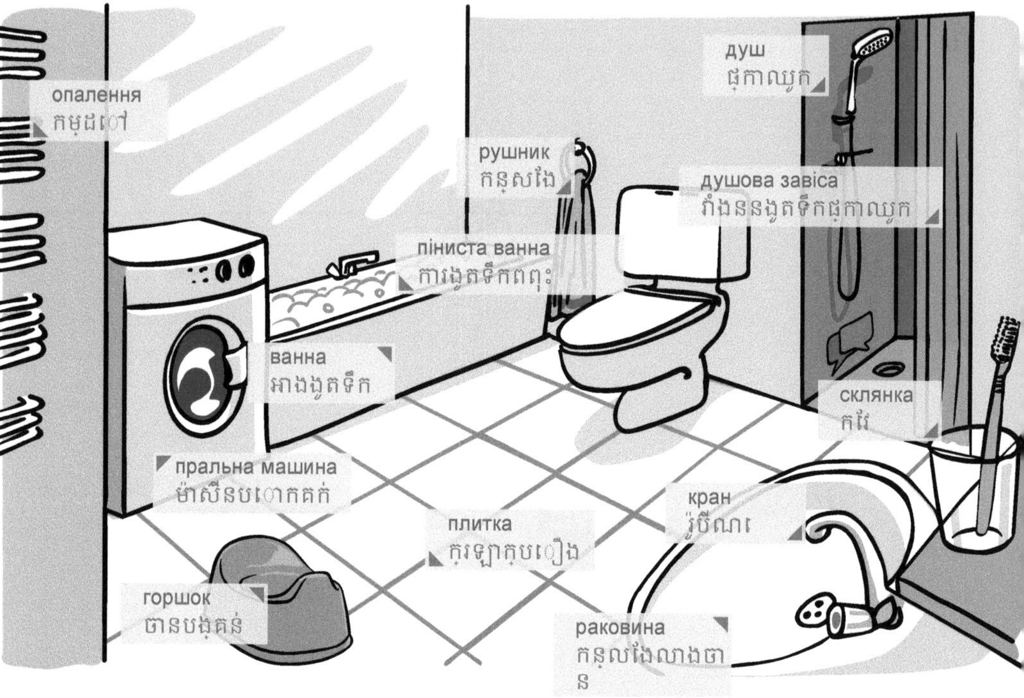

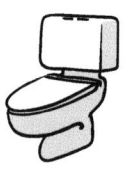

туалет

បង្គន់

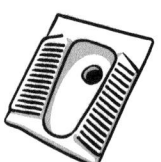

підлоговий туалет

បង្គន់អង្គុយ

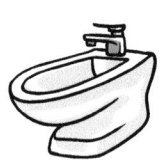

біде

ផើងជម្រះកាយ

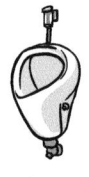

пісуар

ក្លាំទឹកនោម

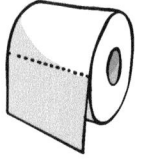

туалетний папір

ក្រដាសបង្គន់

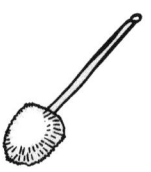

щітка для туалету

ច្រាសដុសបង្គន់ន

зубна щітка

ច្រាសដុសធ្មេញ

зубна паста

ថ្នាំដុសធ្មេញ

нитка для чищення зубів

ខ្សែទោរសម្អាតធ្មេញ

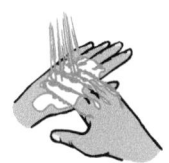

мити

លាង

ручний душ

ប្រដាប់ដាក់ដៃផ្កាឈូក

інтимний душ

ទឹកថ្នាំសម្រាប់ហាញ់លាង

таз

អាង

щітка для спини

ច្រាសដុសខ្នង

мило

សាប៊ូ

гель для душу

ជែលសម្រាប់ងូតទឹកផ្កាឈូក

шампунь

សាប៊ូ

мочалка

សកុលាត

водостік

បំពង់បង្ហូរទឹក

крем

ក្រែម

дезодорант

ថ្នាំបំបាត់ក្លិនអាក្រក់

дзеркало

កញ្ចក់

косметичне дзеркало

កញ្ចក់ដៃ

бритва

ប័រដាប់កោរ

піна для гоління

ហ្វូមកោរពុកមាត់

лосьйон після гоління

ទឹកលាងក្រោយកោរពុកម
ាត់រួច

гребінь

ក្រាស

щітка

ជក់

фен

ប្ដរដាប់សម្ងួតសក់

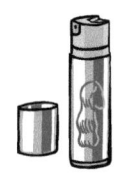

лак для волосся

ស្ព្រាយហាញ់សក់

косметика

ការតុបតែងមុខ

губна помада

ក្ដរមែលាបមាត់

лак для нігтів

ថ្នាំលាបក្រចក

вата

រោមកប្បាស

ножиці для нігтів

កន្ត្រៃកាត់ក្រចក

парфум

ទឹកអប់

косметичка

កាបូបបពោកគត់

табурет

លាមក

ваги

ជញ្ជីងឬចូលឹងទមុងន់

халат

អាវពាក់ងូតទឹក

гумові рукавички

ស្រោមដៃកៅស៊ូ

тампон

ឈ្នុក

гігієнічні прокладки

កន្សែងអនាម័យ

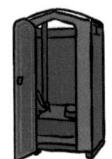

біотуалет

បង្គន់គីមី

дитяча кімната
បន្ទប់របស់កុមារ

будильник
នាឡិការោទ៍
м'яка іграшка
ប្រដាប់ក្មេងអោបលេង
іграшковий автомобіль
រថយន្តក្មេងលេង
брязкальце
ប្រដាប់អង្រន់លេង
ляльковий будиночок
ផ្ទះកូនក្រមុំជ័រ
подарунок
អំណោយ

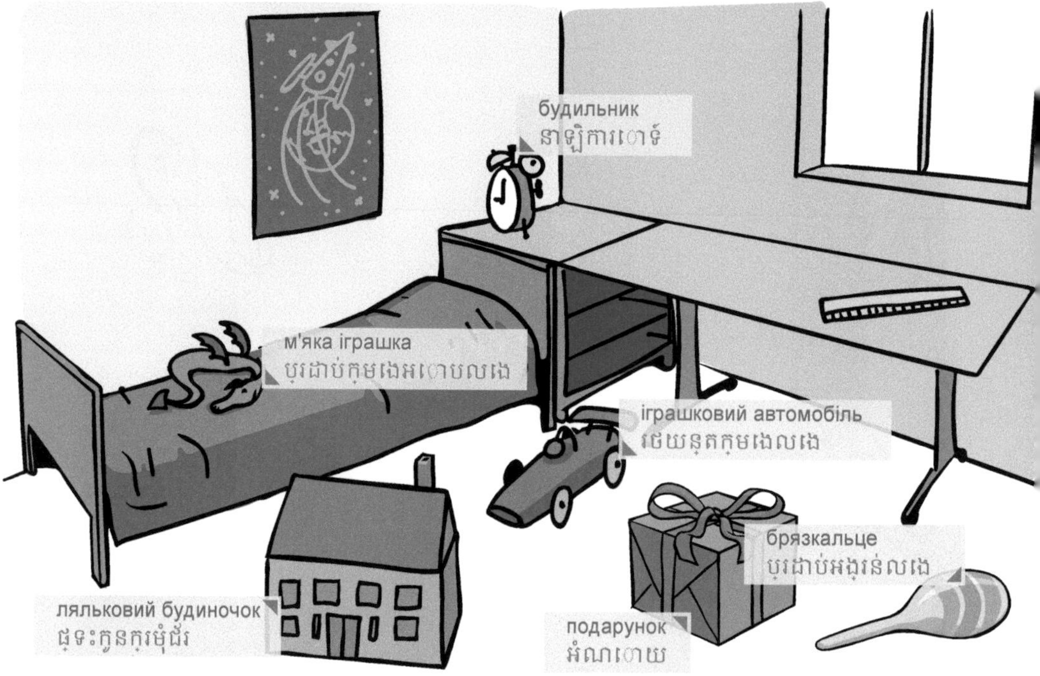

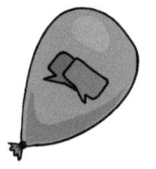

повітряна кулька

ប៉េងប៉ោង

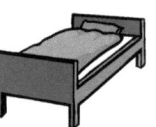

ліжко

គ្រែ

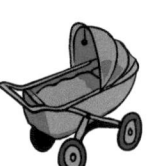

дитячий візок

រទេះរុញទារក

картярська гра

ហ៊្វបៀ

пазл

រូបផ្គុំ

SUPER
MEGA

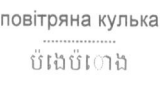

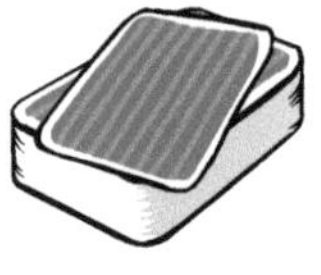

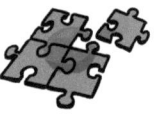

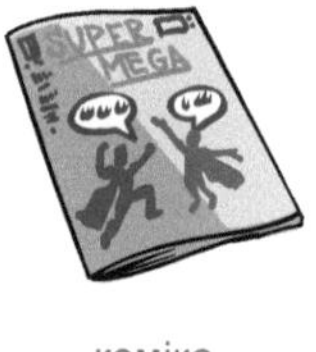

комікс

កំប្លែង

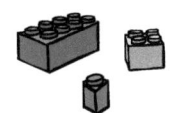

лего цеглинки

ឥដ្ឋប្លុក Lego

блоки

បុល្កបុរដាប់ក្រុមឯងលៃ

іграшкова фігурка

តួលខោសកម្មភាព

повзунки

ខោអាវទារក

фризбі

ការគប់ចាស

мобіле

ទូរស័ព្ទទដៃ

настільна гра

ក្តារលេបឯ

кубик

គុវាប់ល្បែកម្ងាក់

модель залізнична станція

ឈុតរថភ្លើងវឹងគំរ

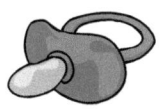

соска

រូបសំណាក

вечірка

គណបកុស

книжка з картинками

សៀវភៅរូបភាព

м'яч

ហាល់

лялька

កូនក្រុម៉ុក្កុក្តា

грати

លេង

пісочниця

រណ្តៅទៅខូសាច់

гойдалка

ទ្រោង

іграшка

ប៉ូរដាប់កុមសេលងៃ

гральна консоль

កុងសូលរៃដអ្វេហ្គតម

триколісний велосипед

គ្រីចក្សយានយន្ត

плюшевий мішка

តុក្កតាខូឡាយុម៉ុ

шафа

ទូខោអាវ

សម្ល្យេកបំពាក់

шкарпетки

ស្រុកោមជឹង

панчохи

ស្រុកោមជឹងវៃ

колготки

ខោទុនាប់នារី

шарф
កូរម៉ា

парасоля
ឆ័ត្រ

ремінь
ខ្សែក្រវាត់

футболка
អាវយឺត

чоботи
ស្បែកជើងវែង

домашнє взуття
ស្បែកជើងពាក់នៅ ផ្ទះ

кросівки
ស្បែកជើងប៉ាតា

сандалі
ស្បែកជើងសង្រែក

взуття
ស្បែកជើង

гумові чоботи
ស្បែកជើងករវែកទៅស្ព្យ

труси
ខោទ្រនាប់បុរស

бюстгальтер
អាវទ្រនាប់

нижня сорочка
អាវកាក់

боді

រាងកាយ

штани

ខោទ្រេង

джинси

ខោខូវបើយ

спідниця

សំពត់

блузка

អាវក្រេវៅ

сорочка

អាវ

пуловер

អាវយឺត

светр

អាវយឺត

піджак

អាវធំ

куртка

អាវក្រេវៅ

пальто

អាវធំ

дощовик

អាវភ្លៀ្យេង

костюм

គ្រឿងតែង

сукня

អាវរៃង

весільна сукня

សំលៀកបំពាក់អាពាហ៍ពិពា
ហ៍

костюм

ឈុតអាវឈុត

нічна сорочка

រ៉ូបរាត្រី

піжама

ឈុតគេង

сарі

សារី

головна хустка

កន្សែងជូតកុហាល

чалма

ក្បូត

бурка

សុបម៉ែខ

кафтан

kaftan

абая

abaya

купальник

ឈុតហាលែទឹក

плавки

ខោខ្លី

шорти

ខោខ្លី

тренувальний костюм

ឈុតហាត់កីឡា

фартух

អាវអៀម

рукавички

ស្រោមដៃ

гудзик

ឡេវអាវ

окуляри

វ៉ែនតា

браслет

ខ្សែដៃ

ланцюг

ខ្សែក

кільце

ចិញ្ចៀន

сережка

ក្រវិល

шапка

មួក

плічка

បុរដាប់ពួយអាវក្រណាត់

капелюх

មួក

краватка

ក្រវាត់ក

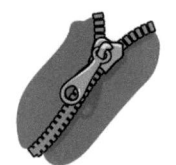

застібка-блискавка

រ៉ូត

шолом

មួកសុវត្ថិភាព

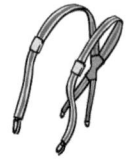

підтяжки

ខ្សែ

шкільна форма

ឯកសណ្ឋានសាលា

уніформа

ឯកសណ្ឋាន

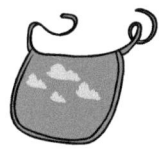

нагрудник

អៀមទារក

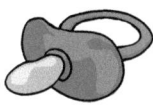

соска́

រូបសំណាក

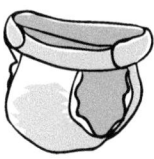

підгузок

ខោទឹកនោម

офіс
ការិយាល័យ

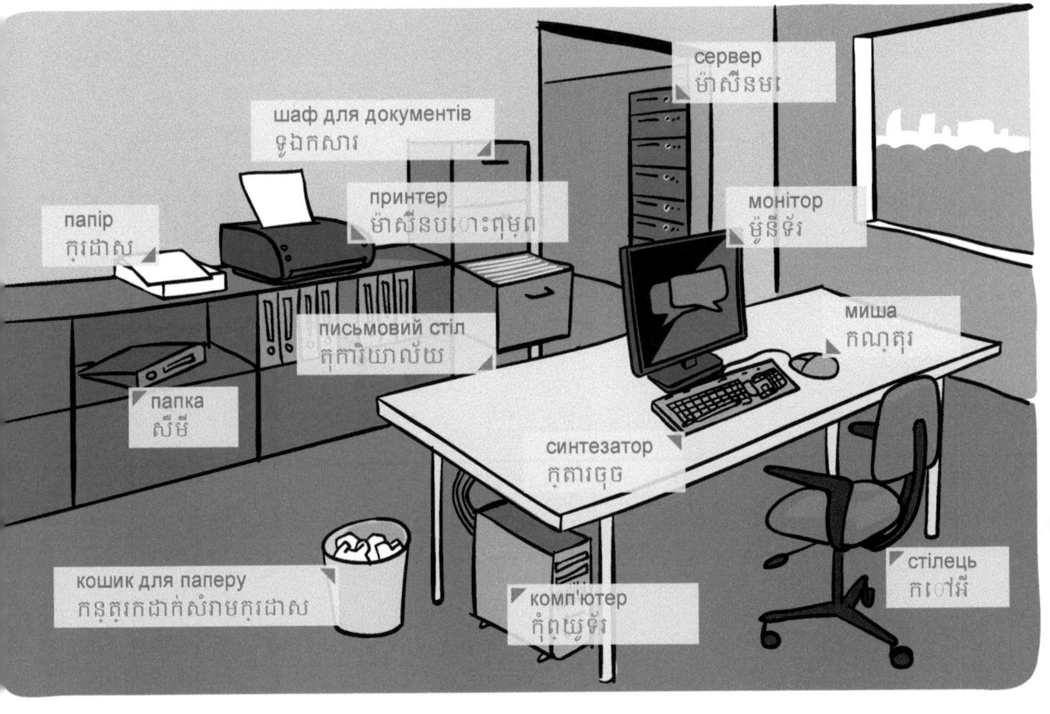

сервер
ម៉ាស៊ីនមេ
шаф для документів
ទូឯកសារ
принтер
ម៉ាស៊ីនបោះពុម្ព
папір
ក្រដាស
монітор
ម៉ូនីទ័រ
миша
កណ្ដុរ
письмовий стіл
តុការិយាល័យ
папка
ស៊ីមី
синтезатор
ក្តារចុច
стілець
កៅអី
кошик для паперу
កន្ត្រកដាក់សំរាមក្រដាស
комп'ютер
កុំព្យូទ័រ

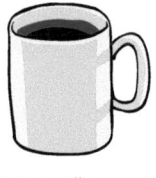

кавовий кухоль

កែវកាហ្វេ

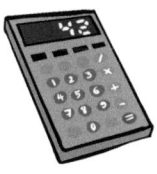

калькулятор

ម៉ាស៊ីនគិតលេខ

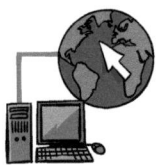

інтернет

អ៊ីនធឺណិត

ноутбук

កុំព្យូទ័រយួរដៃ

лист

លិខិត

повідомлення

សារ

мобільний телефон

ទូរស័ព្ទដៃ

мережа

បណ្ដាញ

копіювальний пристрій

ម៉ាស៊ីនថតចម្លង

програмне забезпечення

សូហ្វវែរ

телефон

ទូរស័ព្ទ

розетка

រន្ធជ្រោត

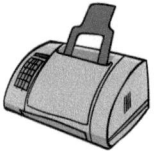

факс

ម៉ាស៊ីនទូរសារ

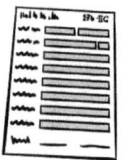

бланк

ទម្រង់បែបបទ

документ

ឯកសារ

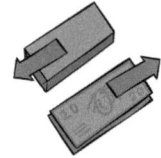

купувати
ទិញ

платити
បង់ប្រាក់

торгувати
ធ្វើជំនួញ

гроші
លុយ

долар
ប្រាក់ដុល្លារ

євро
ប្រាក់អឺរ៉ូ

ієна
ប្រាក់យ៉េន

рубль
ប្រាក់រូប្លិ

франк
ហ្វ្រង់ស្វីស

юанів женьміньбі
ប្រាក់យ៉ន

рупія
ប្រាក់រូពី

банкомат
កន្លែងប្រើ ស៍ាចំប្រាក់

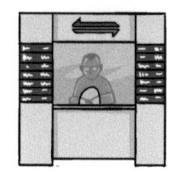

обмінний пункт

ការិយាល័យបូរប្រាក់

золото

មាស

срібло

ប្រាក់

нафта

ប្រេង

енергія

ថាមពល

ціна

តម្លៃ

контракт

កិច្ចសន្យា

податок

ពន្ធ

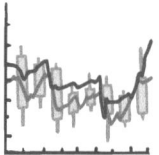

акція

ភាគហ៊ុន

працювати

ធ្វើការ

працівник

បុគ្គលិក

роботодавець

និយោជក

фабрика

រោងចក្រ

магазин

ហាង

поліцейський
មន្ត្រីប៉ូលីស

пожежник
អ្នកពន្លត់អគ្គិភ័យ

пілот
អ្នកបើកយន្តហោះ

лікар
វេជ្ជបណ្ឌិត

повар
ចុងភៅ

садівник

អ្នកថែស្វន

столяр

ជាងឈើ

швачка

ជាងកាត់ដេរ

суддя

ចៅក្រម

хімік

គីមីវិទ្យូ

актор

តួកុន

водій автобуса

អ្នកបើកឡានក្រុង

таксист

អ្នកបើកតាក់សុី

рибалка

អ្នកនេសាទ

прибиральниця

សុតិ្តអ្នកសម្អាត

покрівельник

ជាងដំបូល

офіціант

អ្នករត់តុ

мисливець

អ្នកបរបាញ់សត្វ

художник

វិចិត្រករ

пекар

អ្នកដុតនំ

електрик

ជាងអគ្គិសនី

будівельник

ជាងសំណង់

інженер

វិស្វករ

забійник

អ្នកកាប់សាច់

бляхар

ជាងជួសជុលទុយោរទឹក

листоноша

អ្នករត់សំបុត្រ

солдат

ទាហាន

архітектор

ស្ថាបត្យករ

касир

បង្គោ

флорист

អ្នកលក់ផ្កា

перукар

អ្នកអ៊ីតសក់

кондуктор

អ្នកយកលុយ

механік

ជាងម៉ាស៊ីន

капітан

កាពីទែន

дантист

ពេទ្យធ្មេញ

вчений

អ្នកវិទ្យាសាស្ត្រ

рабин

គ្រូបង្រៀនច្បាប់សញ្ជាតិ
ជ៍ហ្វ

імам

លោកសង្ឃចាម

монах

ព្រះសង្ឃ

пастор

បព្វជិត

інструменти
ឧបករណ៍

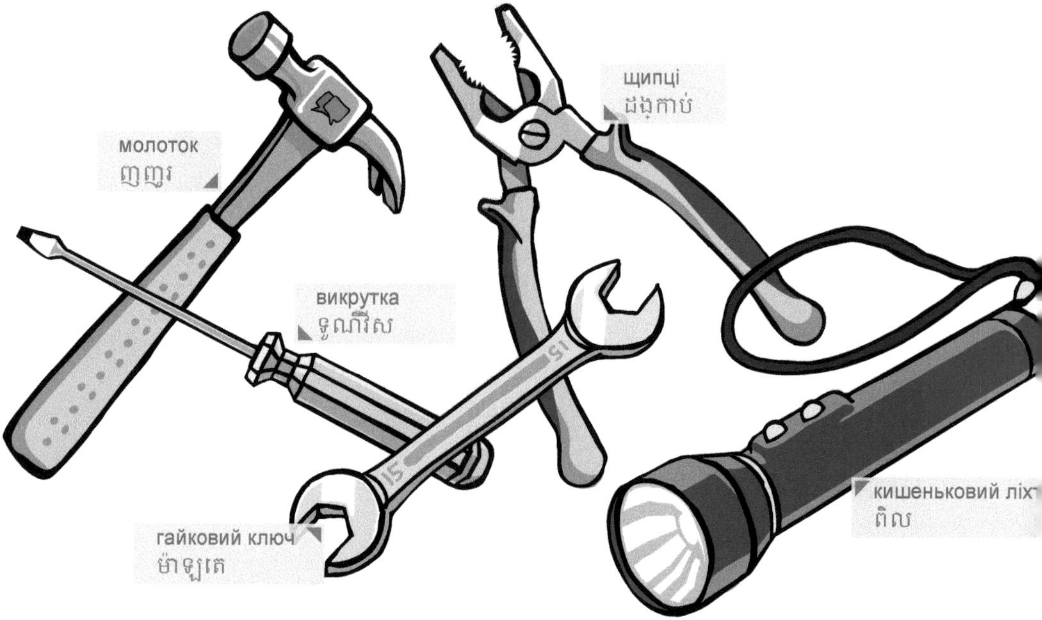
молоток
ញញួរ
щипці
ដង្កាប់
викрутка
ទួណឺវីស
гайковий ключ
ម៉ាឡេត
кишеньковий ліх
ពិល

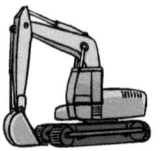

екскаватор
ម៉ាស៊ីនជីក

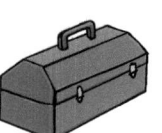

ящик для інструментів
ប្រអប់ឧបករណ៍

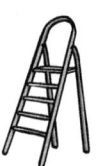

драбина
ជណ្តើរ

пилка
រណារ

цвяхи
ដែកគោល

свердло
ប្រដាប់ស្វាន

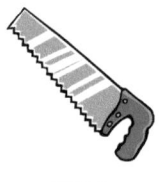

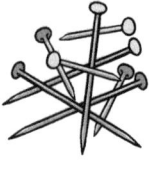

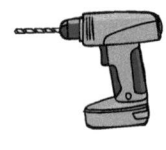

ремонтувати

ជួសជុល

лопата

ប៉ែល

лайно!

ចង្រៃ!

совок

បរដាប់ចូកធូលី

відро з фарбою

ធុងថ្នាំពណ៌

гвинти

វីស

музичні інструменти
ឧបករណ៍តន្ត្រី

динамік
ឧបករណ៍បំពងសំឡេង

ударна установка
ឈុតសូរ

контрабас
ហាសពិណ

труба
ត្រូវ៉ែ

гітара
ហ្គីតា

фортепіано

ពុយាណូ

скрипка

វីយូឡុង

бас

ហាស

литаври

ស្គរពោសសុបកែមុយ៉ាង

барабан

ស្គរ

клавіатура

យ៉ីបត

саксофон

សាក់ស្វហ្វូន

флейта

ខ្លុយ

мікрофон

មីក្រូហ្វូន

зоопарк
សួនសត្វ

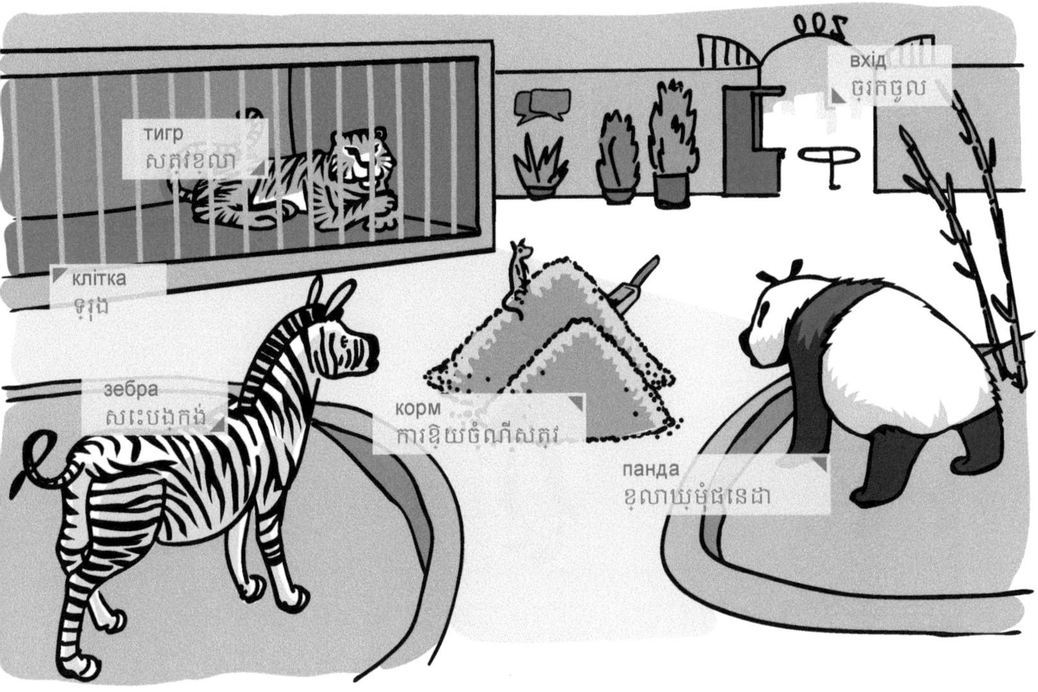
вхід
ច្រកចូល
тигр
សត្វខ្លា
клітка
ទ្រុង
зебра
សេះបង្កង់
корм
ការឱ្យចំណីសត្វ
панда
ខ្លាឃ្មុំផេនដា

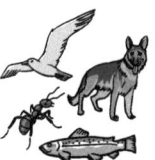

тварини
សត្វ

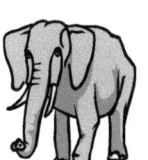

слон
សត្វដំរី

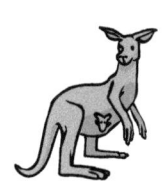

кенгуру
សត្វកង់ហ្ការូ

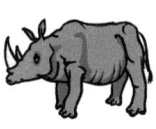

носоріг
សត្វរមាស

горила
សត្វស្វាហ្គ័រីឡា

ведмідь
ខ្លាឃ្មុំពណ៌ត្នោត

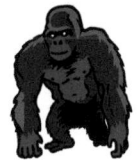

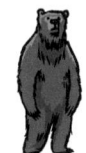

верблюд
សត្វអូដ្ឋ

страус
សត្វអូទ្រីស

лев
សត្វតោ

мавпа
ស្វា

фламінго
សត្វកុររៀល

папуга
សកែ

білий ведмідь
ខ្លាឃ្មុំភ្នំបន់ប៉ូល

пінгвін
ជនេយ៉ីន

акула
ត្រីឆ្លាម

павич
កុងតោក

змія
សត្វពស់

крокодил
ក្រពើ

працівник зоопарку
អ្នករក្សាសួនសត្វ

тюлень
ឆ្មាមទឹក

ягуар
ខ្លារខិនមម្យ៉ាង

поні

កូនសេះ

леопард

ខ្លារខ្ញុំន

гіпопотам

សត្វជ្រូកទឹក

жираф

សត្វករវៃ

орел

ផ្នូរទ្រ

кабан

ជ្រូក

риба

ត្រី

черепаха

អណ្តើកទឹក

морж

លោមមច្ឆា

лисиця

កញ្ជ្រោង

газель

កុជាន់

американський футбол
កីឡាហាល់ទាត់អាមេរិក

їзда на велосипеді
ការបុរណាំងកង់

теніс
កីឡាថឺនីស

баскетбол
កីឡាហាល់បះោះ

плавання
កីឡាហាលែទឹក

бокс
កីឡាប្រដាល់

хокей
កីឡាវាយកូនមាល់លើទឹក
កក

футбол
កីឡាហាល់ទាត់

бадмінтон
កីឡាវាយសី

легка атлетика
អត្តពលកម្ម

гандбол
កីឡាហាល់កាន់

лижні перегони
ការជិះស្គី

поло
ប៉ូឡូ

стрибати
លោត

співати
ច្រៀង

обіймати
ឱប

сміятися
សើច

йти
ដើរ

молитися
អធិស្ឋាន

цілувати
ថើប

мріяти
សុបិន្ត

писати
សរសេរ

малювати
គូរ

показувати
បង្ហាញ

тиснути
ញ

давати
ឱ្យ

брати
យក

мати

មាន

робити

ធ្វើ

бути

គឺ

стояти

ឈរ

бігати

រត់

тягнути

ទាញ

кидати

បោះ

падати

ធ្លាក់

лежати

កុហក

очікувати

រង់ចាំ

носити

យួរ

сидіти

អង្គុយ

одягати

ស្លៀកពាក់

спати

ដេក

просипатися

ភ្ញាក់ឡើង

дивитися

មេីល

плакати

យំ

гладити

គូសវាស

розчісувати

សិតសក់

розмовляти

និយាយ

розуміти

យល់

питати

សួរ

слухати

ស្ដាប់

пити

ផឹក

їсти

បរិភោគ

прибирати

សម្អាត

любити

ស្រលាញ់

варити

ធ្មអិន

їхати

បេីកបរ

літати

ហោះ

йти під вітрилом

ចែកទូក

рахувати

គណនា

читати

អាន

вчитися

រៀន

працювати

ធ្វើការ

одружуватися

រៀបការ

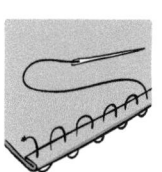

шити

ដេរ

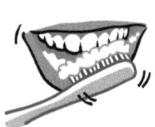

чистити зуби

ដុសធ្មេញ

убивати

សម្លាប់

курити

ជក់

посилати

ផ្ញើ

бабуся
ជីដូន

дідуся
ជីតា

батько
ឪពុក

мати
មាតាយ

немовля
ទារក

донька
កូនស្រី

син
កូនប្រុស

гість

ភ្ញៀវ

тітка

មីង

дядько

ពូ

брат

បងប្អូនប្រុស

сестра

បងប្អូនស្រី

тіло
រាងកាយ

чоло
ថ្ងាស
око
ភ្នែក
плече
ស្មា
палець
ម្រាមដៃ
обличчя
មុខ
підборіддя
ចង្កា
кисть
ដៃ
нога
ជើង
груди
សុដន់
рука
ដៃ

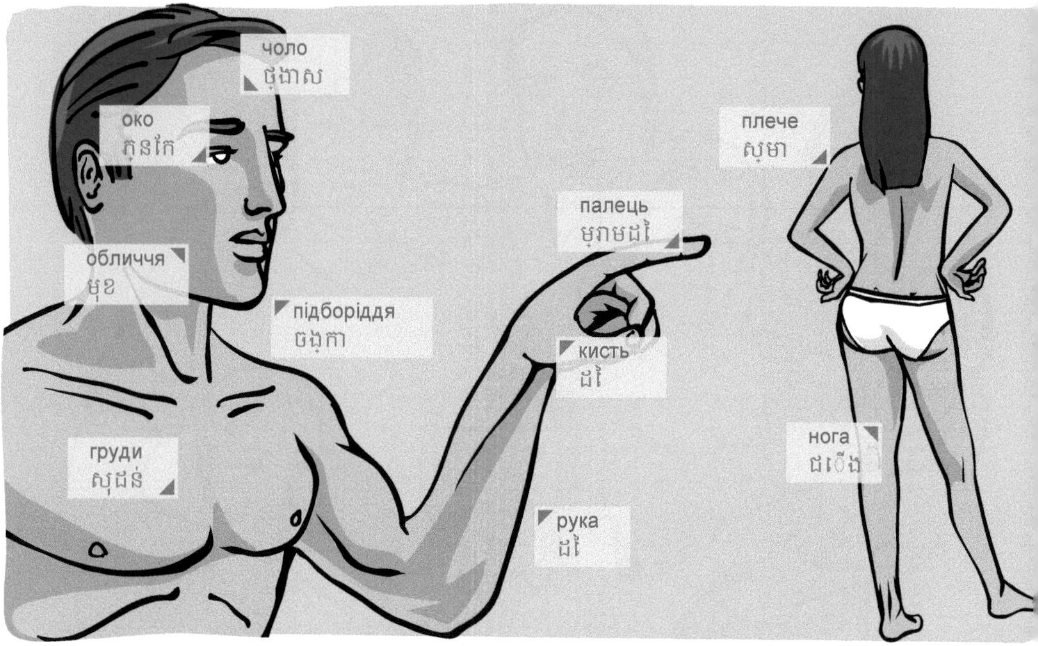

немовля
ទារក

чоловік
បុរស

жінка
ស្ត្រី

дівчина
ក្មេងស្រី

хлопчик
ក្មេងប្រុស

голова
ក្បាល

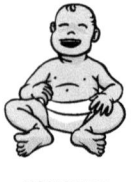

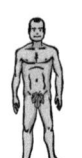

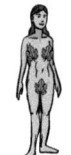

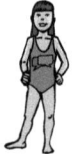

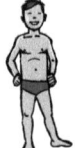

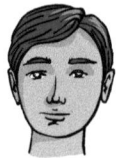

спина

ខ្នង

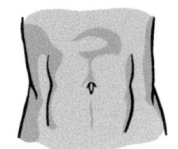

живіт

ពោះ

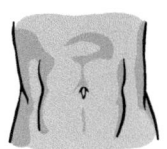

пуп

ផ្ចិត

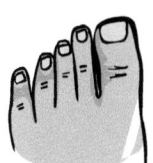

палець ноги

ម្រាមជើង

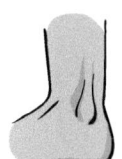

п'ята

កែងជើង

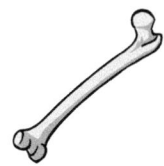

кістка

ឆ្អឹង

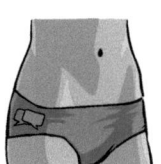

стегно

គូរគាក

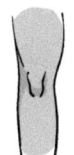

коліно

ជង្គង់

лікоть

កែងដៃ

ніс

ច្រមុះ

сідниці

គូទ

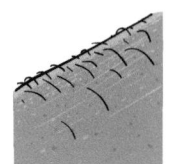

шкіра

ស្បែក

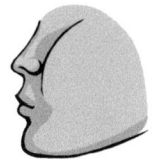

щока

ថ្ពាល់

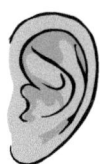

вухо

ត្រចៀក

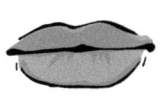

губа

បបូរមាត់

рот

មាត់

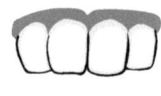

зуб

ធ្មេញ

язик

អណ្ដាត

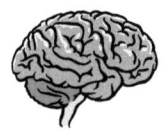

мозок

ខួរក្បាល

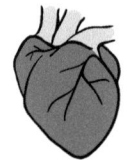

серце

បេះដូង

м'яз

សាច់ដុំ

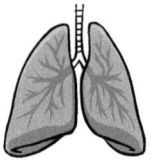

легені

សួត

печінка

ថ្លើម

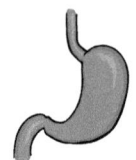

шлунок

ក្រពះ

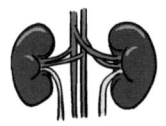

нирки

តម្រងនោម

статевий акт

ការរួមភេទ

презерватив

ស្រោមអនាម័យ

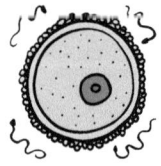

яйцеклітина

អូវុល

сперма

ទឹកកាម

вагітність

ការមានផ្ទៃពោះ

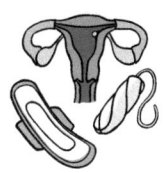

менструація
....
មករដូវ

вагіна
....
ទ្វារមាស

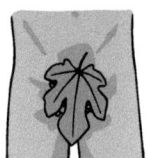

пеніс
....
លិង្គ

брова
....
ចិញ្ចើម

волосся
....
សក់

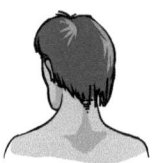

шия
....
ក

тіло - រាងកាយ   71

лікарня
មន្ទីរពេទ្យ

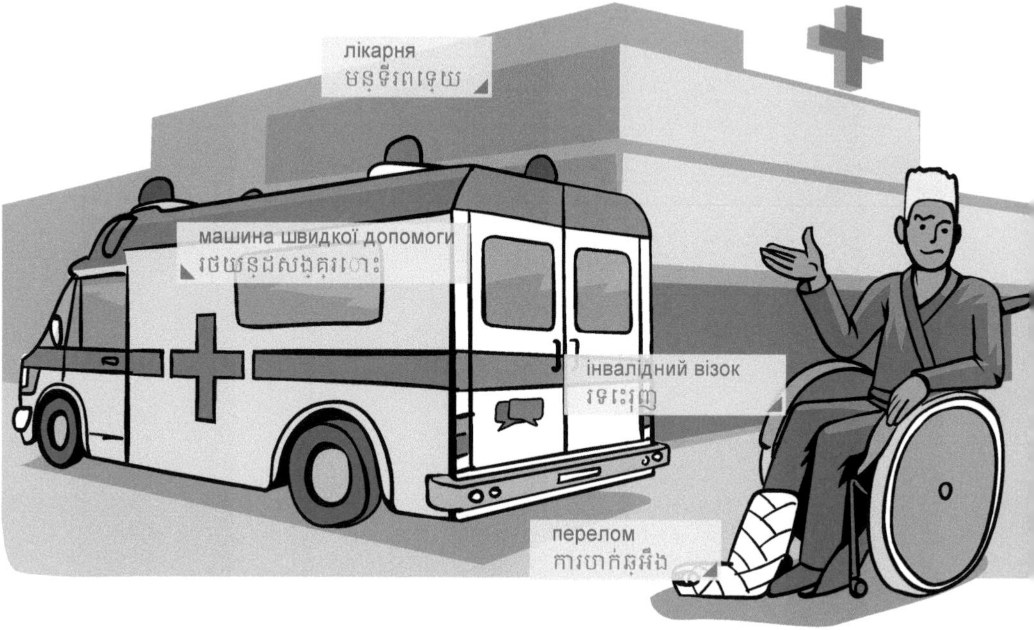

лікарня
មន្ទីរពេទ្យ
машина швидкої допомоги
រថយន្តសង្គ្រោះ
інвалідний візок
រទេះរុញ
перелом
ការបាក់ឆ្អឹង

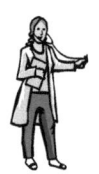

лікар

វេជ្ជបណ្ឌិត

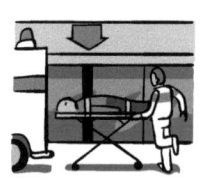

відділення швидкої медичної допомоги

បន្ទប់សង្គ្រោះបន្ទាន់

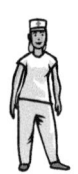

медсестра

គិលានុបដ្ឋាយិកា

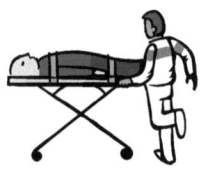

аварійний випадок

សង្គ្រោះបន្ទាន់

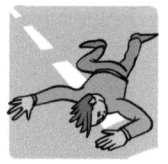

непритомний

សន្លប់

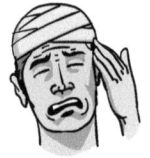

біль

ការឈឺចាប់

травма

ការរងរបួស

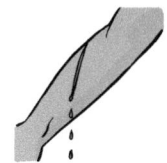

кровотеча

ការហូរឈាម

інфаркт

គាំងបេះដូង

інсульт

ជម្ងឺដាច់សរសៃឈាមក្នុង
ក្បាល

алергія

អាលែកហ្ស៊ី

кашель

ក្អក

лихоманка

ជំងឺគ្រុន

грип

ជំងឺផ្តាសាយ

пронос

ជំងឺរាគរូស

головна біль

ឈឺក្បាល

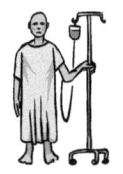

рак

ជំងឺមហារីក

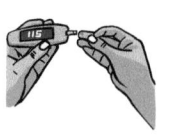

діабет

ជំងឺទឹកនោមផ្អែម

хірург

គ្រូពេទ្យវះកាត់

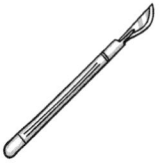

скальпель

កាំបិតវះកាត់

операція

ប្រតិបត្តិការ

КТ
CT

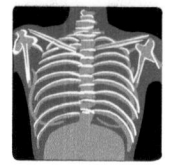

рентген
កាំរស្មីអ៊ិច

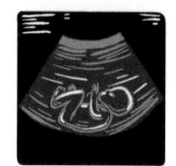

ультразвук
អ៊ុលត្រា

маска
របាំងមុខ

хвороба
ជំងឺ

зал очікування
រង់ចាំបន្ទប់

милиця
ឈើច្រត់

пластир
មុនាងសិលា

пов'язка
បង់រុំ

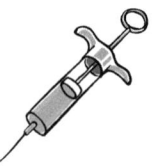

ін'єкція
ការចាក់ថ្នាំ

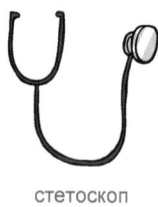

стетоскоп
ស្តេតូស្កូ

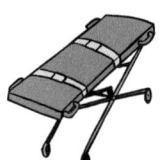

ноші
សូនដែរបួស

термометр
ទែម៉ូម៉ែត្ររូបយាបាល

народження
កំណើត

надмірна вага
លើសទម្ងន់

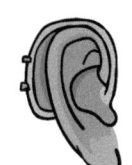

слуховий апарат

ឧបករណ៍ជំនួយការស្ដាប់

дезінфікуючий засіб

សារធាតុសម្លាប់មេរោគ

інфекція

ការឆ្លងមេរោគ

вірус

មេរោគ

ВІЛ / СНІД

មេរោគអេដស៍ / ជំងឺអេដស៍

медицина

ថ្នាំពេទ្យ

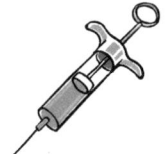

вакцинація

ការចាក់ថ្នាំបង្ការ

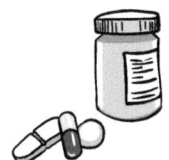

таблетки

ថបេ្លិត

протизаплідна пігулка

ថ្នាំគុមរប់

екстрений виклик

ការហៅពេលអាសន្ន

тонометр

ឧបករណ៍ពិនិត្យសម្ពាធឈាម

хворий / здоровий

ឈឺ / មានសុខភាពល្អ

Допоможіть!
ជំនួយ!

сигнал тривоги
សំឡេងរោទ៍

напад
ការវាយលុក

атака
ការវាយប្រហារ

небезпека
គ្រោះថ្នាក់

аварійний вихід
ច្រកចេញគ្រោះអាសន្ន

Вогонь!
អគ្គីភ័យ!

вогнегасник
បំពង់ពន្លត់អគ្គិភ័យ

аварія
គ្រោះថ្នាក់

аптечка
ឧបករណ៍ជំនួយបឋម

СОС
SOS

поліція
ប៉ូលិស

Європа

អឺរ៉ុប

Північна Америка

អាមេរិកខាងជើង

Південна Америка

អាមេរិកខាងត្បូង

Африка

អាហ្វ្រិក

Азія

អាស៊ី

Австралія

អូស្ត្រាលី

Атлантика

អាត្លង់ទិច

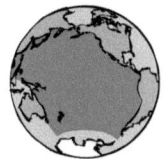

Тихий океан

ប៉ាស៊ីហ្វិក

Індійський океан

មហាសមុទ្រឥណ្ឌា

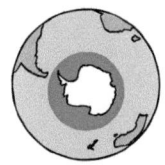

Антарктичний океан

មហាសមុទ្រអង់តាក់ទិច

Північний Льодовитий
океан

មហាសមុទ្រអាកទិច

Північний полюс

ប៉ូលខាងជើង

Південний полюс
ប៉ូលខាងត្បូង

Антарктика
អង់តាក់ទិក

Земля
ផែនដី

суша
ដីគោក

море
សមុទ្រ

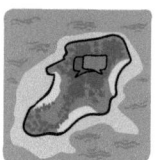

острів
កោះ

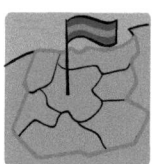

нація
បុរទេសជាតិ

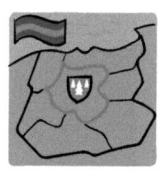

держава
រដ្ឋ

циферблат

មុខនាឡិកា

годинникова стрілка

ទ្រនិចម៉ោង

хвилинна стрілка

ទ្រនិចនាទី

секундна стрілка

ទ្រនិចវិនាទី

Котра година?

ម៉ោងប៉ុន្មាន?

день

ថ្ងៃ

час

ពេលវេលា

зараз

ឥឡូវនេះ

цифровий годинник

នាឡិកាឌីជីថល

хвилина

នាទី

година

ម៉ោង

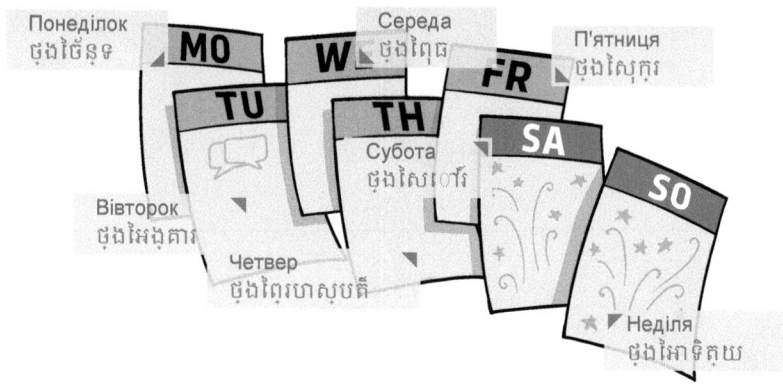

Понеділок ចុងថ្ងៃច័ន្ទ
Середа ចុងថ្ងៃពុធ
П'ятниця ចុងថ្ងៃសុក្រ
Вівторок ចុងថ្ងៃអង្គារ
Субота ចុងថ្ងៃសៅរ៍
Четвер ចុងថ្ងៃព្រហស្បតិ៍
Неділя ចុងថ្ងៃអាទិត្យ

вчора

មុសិលមិញ

сьогодні

ចុងនៃរៈ

завтра

ចុងថ្ងៃស្អែក

ранок

ព្រឹក

опівдні

ចុងថ្ងៃរង់

вечір

ល្ងាច

робочі дні

ចុងថ្ងៃធ្វើការ

кінець робочого тижня

ចុងសប្តាហ៍

рік
ឆ្នាំ

дощ
ទឹកភ្លៀង
веселка
ឥន្ទធនូ
сніг
ព្រិល
вітер
ខ្យល់
весна
និទាឃរដូវ
осінь
រដូវស្លឹកឈើជ្រុះ
літо
រដូវក្តៅ
зима
រដូវរងារ

4.APRIL 11°
5.APRIL 4°
6.APRIL 13°
7.APRIL 8°
8.APRIL 10°

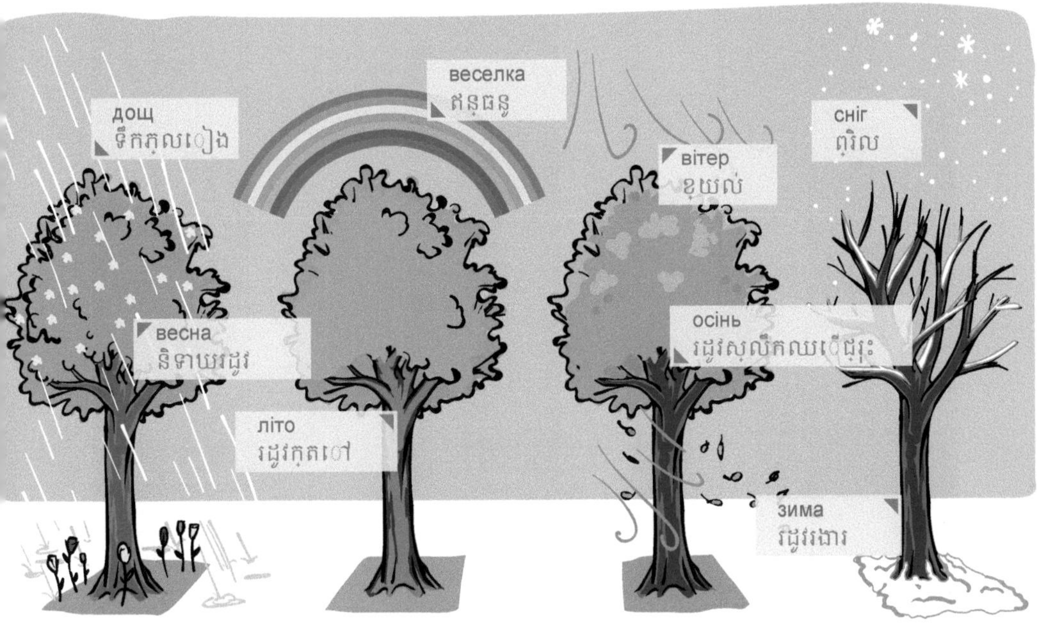

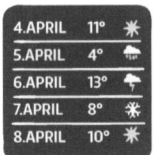

прогноз погоди

ការព្យាករណ៍អាកាសធាតុ

F C
120 90 60 30 0 -30
40 30 20 10 0 -10 -20

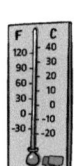

термометр

ទែម៉ូម៉ែត្រ

сонячне світло

ពន្លឺថ្ងៃ

хмара

ពពក

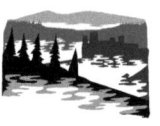

туман

អ័ព្ទ

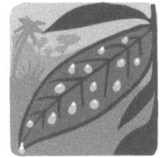

вологість повітря

សំណើម

блискавка

រន្ទះ

грім

ផ្គរ

шторм

ព្យុះ

град

ព្រិល

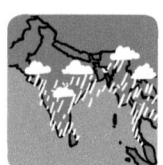

мусон

ខយល់មុសុង

повінь

ទឹកជំនន់

лід

ទឹកកក

Січень

ខែមករា

Лютий

ខែកុម្ភៈ

Березень

ខែមីនា

Квітень

ខែមេសា

Травень

ខែឧសភា

Червень

ខែមិថុនា

Липень

ខែកក្កដា

Серпень

ខែសីហា

82

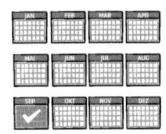

Вересень

ខែកញ្ញា

Жовтень

ខែតុលា

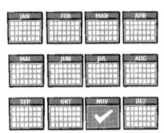

Листопад

ខែវិច្ឆិកា

Грудень

ខែធ្នូ

форми
រាង

круг

រង្វង់

квадрат

ការ៉េ

прямокутник

ចតុកោណកែង

трикутник

ត្រីកោណ

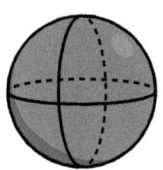

куля

ស្វ៊ែរ

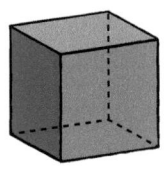

куб

គូប

білий

ពណ៌ស

жовтий

ពណ៌លឿង

помаранчевий

ពណ៌ទឹកក្រូច

рожевий

ពណ៌ផ្កាឈូក

червоний

ពណ៌ក្រហម

фіолетовий

ពណ៌ស្វាយ

синій

ពណ៌ខៀវ

зелений

ពណ៌បៃតង

коричневий

ពណ៌ទឹកក្រូច

сірий

ពណ៌បុរផះ

чорний

ពណ៌ខ្មៅ

багато / мало

ច្រើន / តិចតួច

лютий / мирний

ខឹង / គួរជាក់ចិត្ត

гарний / бридкий

សុរស់ស្អាត / អាក្រក់

початок / кінець

ចាប់ផ្តើម / បញ្ចប់

великий / малий

ធំ / តូច

світлий / темний

ភ្លឺ / ងងឹត

брат / сестра

បងប្អូនប្រុស / បងប្អូនស្រី

чистий / брудний

ស្អាត / កខ្វក់

завершений /
незавершений

ពេញលេញ / មិនពេញលេញ

день / ніч

ថ្ងៃ / យប់

мертвий / живий

ស្លាប់ / នៅរស់

широкий / вузький

ធំទូលាយ / តូចចង្អៀត

їстівний / неїстівний

អាចបរិភោគបាន / មិនអាចបរិភោគបាន

злий / дружній

ចិត្តអាក្រក់ / ចិត្តល្អ

збуджений / нудьгуючий

ការរំភើប / អផ្សុក

товстий / тонкий

ធាត់ / ស្គម

спочатку / востаннє

ដំបូង / ចុងក្រោយ

друг / ворог

មិត្តភក្តិ / សត្រូវ

повний / порожній

ពេញ / ទទេ

жорсткий / м'який

រឹង / ទន់

важкий / легкий

ធ្ងន់ / ស្រាល

голод / спрага

ភាពអត់ឃ្លាន / ការស្រេកឃ្លាន

хворий / здоровий

ឈឺ / មានសុខភាពល្អ

незаконний / законний

ខុសច្បាប់ / ត្រូវច្បាប់

розумний / дурний

ឆ្លាតវៃ / ល្ងង់

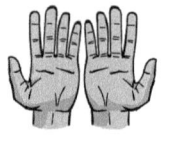

вліво / вправо

ឆ្វេង / ស្តាំ

поруч / далеко

ជិត / ឆ្ងាយ

новий / використаний

ថ្មី / ហានបុរេ៍

нічого / щось

គ្មានអ្វីសោះ / អ្វីម្មយ

старий / молодий

ចាស់ / ក្មេង

вкл / викл

បើក / បិទ

відкрито / закрито

បើក / បិទ

тихо / гучно

ស្ងប់ស្ងាត់ / ឮខ្លាំង

багатий / бідний

មាន / ក្រ

правильно / неправильно

ត្រូវ / ខុស

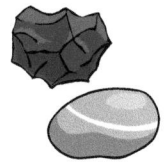

шорсткий / гладкий

គុម្ភើម / រលោង

сумний / щасливий

ពិហាកចិត្ត / សប្បាយចិត្ត

короткий / довгий

ខ្លី / វែង

повільно / швидко

យឺត / លឿន

вологий / сухий

សើម / ស្ងួត

гарячий / холодний

ក្ដៅ / ត្រជាក់

війна / мир

សង្គ្រាម / សន្តិភាព

0

нуль
សូន្យ

1

один
មួយ

2

два
ពីរ

3

три
បី

4

чотири
បួន

5

п'ять
ប្រាំ

6

шість
ប្រាំមួយ

7

сім
ប្រាំពីរ

8

вісім
ប្រាំបី

9

дев'ять
ប្រាំបួន

10

десять
ដប់

11

одинадцять
ដប់មួយ

12
дванадцять
ដប់ពីរ

13
тринадцять
ដប់បី

14
чотирнадцять
ដប់បួន

15
п'ятнадцять
ដប់ប្រាំ

16
шістнадцять
ដប់ប្រាំមួយ

17
сімнадцять
ដប់ប្រាំពីរ

18
вісімнадцять
ដប់ប្រាំបី

19
дев'ятнадцять
ដប់ប្រាំបួន

20
двадцять
ម្ភៃ

100
сто
រយ

1.000
тисяча
ពាន់

1.000.000
мільйон
លាន

англійська
អង់គ្លេស

американська англійська
អង់គ្លេសអាមេរិក

китайська
високочиновницька
ចិនកុកងឺ

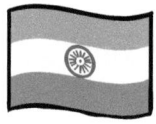

хінді
ហិណ្ឌូ

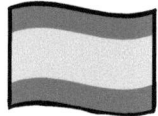

іспанська
អេស្ប៉ាញ

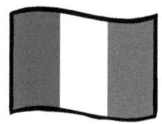

французька
ហ្វាំង

арабська
អារ៉ាប់

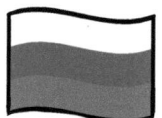

російська
រុស្សី

португальська
ព័រទុយហ្គាល់

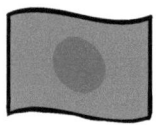

бенгальська
បង់ក្លាដេស

німецька
អាល្លឺម៉ង់

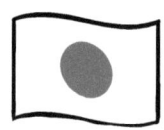

японська
ជប៉ុន

я

ខ្ញុំ

ти

អ្នក

він / вона / воно

គាត់ / នាង / វា

ми

យើង

ви

អ្នក

вони

ពួកគេហេន

хто?

នរណា?

що?

អ្វី?

як?

របៀបណា?

де?

កន្លែងណា?

коли?

ពេលណា?

ім'я

ឈ្មោះ

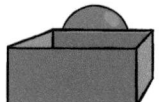

ззаду

ពីក្រោយ

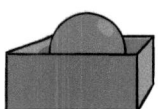

в

ក្នុង

перед

ពីមុខ

над

ពីលើ

на

នៅលើ

під

នៅក្រោម

біля

នៅក្បែរ

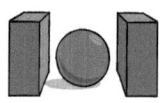

між

រវាង

місце

កន្លែង